Kundenkarten

Ausweg aus den
Preiskämpfen des Einzelhandels

von

Julia Teichmann

Tectum Verlag
Marburg 2006

Teichmann, Julia:
Kundenkarten.
Ausweg aus den Preiskämpfen des Einzelhandels.
/ von Julia Teichmann
- Marburg : Tectum Verlag, 2006
ISBN 978-3-8288-8987-3

Tectum Verlag
Marburg 2006

Kundenkarten

Ausweg aus den
Preiskämpfen des Einzelhandels

Meiner lieben Mutter

Meinem Betreuer Prof. Dr. Rainer Janz gilt mein ausdrücklicher Dank. Er hat durch seine Lehrveranstaltungen sowie durch die Vergabe der Referatsthemen mein Interesse an diesem Thema verstärkt. Ich danke ihm, dass er dieses Thema angenommen und betreut hat.

Für die Übernahme der Zweitbetreuung danke ich Prof. Steffen-Peter Ballstaedt.

DANKE!

Inhaltsverzeichnis

1. Fragestellung und Gang der Untersuchung

Vor drei Jahren fielen in der Bundesrepublik Deutschland das Rabattgesetz und die Zugabeverordnung. Unter den Händlern ging die Angst vor feilschenden Kunden um. Die Verbraucher wurden von den Medien eingestimmt auf nie da gewesene Niedrigpreise. Doch das große Feilschen blieb aus. Die Einzelhändler setzten zur Abwehr auf Kundenkarten. Eindeutige Botschaft: Es gibt den Rabatt über die Kundenkarte – verhandelt wird nicht. Die Kundenkarte verkam so vielfach zum elektronischen Rabattheft. Ihr Potential als Kundenbindungsinstrument wurde und wird nur mangelhaft genutzt. Trotz Kundenkartenflut tobt in Deutschland ein Preiskampf.

Dennoch: Kundenkarten gelten zur Zeit als das Kundenbindungsinstrument schlechthin. Das hohe Lied der Kundenbindung wird unermüdlich gesungen. Niedrigere Kosten, höhere Preise, zahlreiche Weiterempfehlungen und Immunität gegenüber den Lockangeboten der Konkurrenz lauten die dogmatischen Heilsversprechungen der Kundenbindungsapostel. Welcher Händler hätte das nicht gerne? Als bloßes „Rabattheft" konnte die Kundenkarte einen Preiskampf nicht abwehren. Können Kundenkarten als Kundenbindungsinstrument den Händlern die gewünschten treuen Kunden liefern? Stellen in Konsequenz Kundenkarten somit einen Ausweg aus dem Preiskampf des Einzelhandels dar? Diese Fragestellungen sollen in der vorliegenden Arbeit behandelt werden.

In Kapitel 2 werden dazu zunächst die gegenwärtigen Preiskämpfe des Einzelhandels beschrieben und die daraus resultierenden Probleme dargestellt. Weiterhin werden Boom und Ursprünge der Kundenkarten beschrieben. Die Kundenkarte als Alternative zu dem befürchteten wilden Feilschen wird thematisiert.

In Kapitel 3 wird das eigentliche Ziel der Kundenkarten behandelt: die Kundenbindung – nicht zuletzt spricht man auch von Kundenbindungsprogrammen. Hierbei werden die Verheißungen der Kundenbindungsbefürworter kritisch hinterfragt, denn diese Versprechungen sind das Fundament eines jeden Kundenbindungsprogramms. Weiterhin wird Kundenbindung aus Sicht der Kunden betrachtet, denn ohne sie kann das Ganze nicht funktionieren.

Das Ziel der Neukundengewinnung wird im Rahmen dieser Arbeit nicht explizit behandelt. Es ist eher als willkommener Nebeneffekt zu sehen. Eine Behandlung der Neukundengewinnung würde außerdem den Rahmen der Arbeit sprengen.

In Kapitel 4 wird das aktuelle Konzept des Customer Relationship Management (CRM) beleuchtet. Ausgehend von diesem Konzept werden Anforderungen an ein effizientes Kundenbeziehungsmanagement mittels Kundenkarte entwickelt. Im Fokus der Betrachtung steht der deutsche Verbrauchsgüter-Einzelhandel. Dieser ist durch anonyme Massenmärkte geprägt und stellt daher eine besondere Herausforderung für das CRM dar.

In Kapitel 5 wird die Programmgestaltung von Kundenkarten behandelt. Es wird untersucht, welche Leistungen Kunden zu einem Programmbeitritt veranlassen und welche Bindungswirkung diese haben. Zur Einstufung der Leistungen wird auf das Kano-Modell zurückgegriffen. Von der Gegenseite ausgehend wird untersucht, was Kunden von einem Programmbeitritt abhalten könnte. Denn nur bekannte Hinderungsgründe können auch beseitigt werden.

Die in Literatur und Praxis oftmals synonym gebrauchten Begriffe Kundenkarte und Kundenclub werden nicht streng differenziert. Festzuhalten ist, dass Clubs eher auf emotionale Bindung setzen und Kundenkartenprogramme stärker die rationalen Vorteile betonen. Oftmals sind Mischformen anzutreffen: Clubs bieten ihren Mitgliedern auch finanzielle Anreize und Kartenprogramme, wie beispielsweise die *Douglas-Card*, bieten Clubleistungen (vgl. Schweitzer 2003, S.21ff). Vereinfachend wird daher in dieser Arbeit nur von Kundenkarten oder Loyalitätsprogrammen gesprochen. „Nicht der Name eines Programms ist ausschlaggebend, sondern das dahinterstehende Konzept und die Philosophie" (Butscher 1998, S.90). In die Betrachtung dieser Arbeit finden somit alle Kundenbindungsprogramme Eingang, die eine Karte zur Identifikation der Kunden herausgeben.

In Kapitel 6 wird das Instrument Kundenkarte abschließend kritisch gewürdigt. Hierzu werden einerseits die Kosten der Kundenbindungsprogramme betrachtet und andererseits mögliche Erfolge. Im Mittelpunkt der Analyse steht die Frage, ob sich durch Kundenkarten tatsächlich die Kundenbindung erhöhen lässt. Zur Beantwortung werden verschiedene Untersuchungen ausgewertet. Ebenfalls werden Erfolgsmeldungen zu Umsatzsteigerungen durch Kundenkarten kritisch hinterfragt.

Ein Fazit wird gezogen. Sind die Kundenkarten in ihrer jetzigen Form ein geeignetes Mittel zur Kundenbindung? Stellen Sie einen Ausweg aus den Preiskämpfen des Einzelhandels dar? Dies wird kritisch geprüft. Daraus abgeleitet werden entsprechende Empfehlungen zur Verbesserung der bestehenden Kundenkartensysteme. Es wird ein Ausblick auf sinnvolle Einsatzmöglichkeiten des Instruments Kundenkarte gegeben.

2. Von Kundenkarten und Preiskämpfen

2.1 Der Preiskampf des Einzelhandels

„Im Rahmen eines Preiskampfs wird die Preispolitik gegenüber allen anderen Instrumenten des Marketingmix zum dominierenden Faktor." *(Gabler Marketing Lexikon, o.V. 2001a, S.561)*

2.1.1 Gegenwärtige Situation

„Auf der Suche nach der richtigen Preisstrategie jagen sich seit der Abschaffung von Rabattgesetz und Zugabeverordnung die Handelsunternehmen mit Sonderaktionen, Rabatten und `Räumungs`-Verkäufen" (Gropp u. Mayer 2003, S.56). Extremes Beispiel: Deutschlands Baumärkte. „Bei Hornbach gibt es einen Rabatt von 10 Prozent, wenn der Kunde die Ware woanders billiger entdeckt. Praktiker konterte Ende März mit einem um 20 Prozent ermäßigten Kaufpreis" (Heeg 2004). Doch nicht nur zwischen den Baumärkten tobt der Preiskampf. Er hat – wenn auch nicht in dieser aggressiven Form – längst weite Teile des Einzelhandels erreicht. So ergab eine Untersuchung der Unternehmensberatung Simon, Kucher & Partner, dass Rabatte und Preisgarantien zur Zeit „das wichtigste Marketing-Instrument" des Einzelhandels sind (Vierbuchen 2004; vgl. auch Schüller 2004, S.18). Der Einzelhandelsverband Westfalen-Mitte (2004b) spricht gar von „widersinnigen und einfallslosen Rabattschlachten".

2.1.2 Probleme eines Wettbewerbs über den Preis

Was als Mittel zur Umsatzsteigerung begann, „ist zum Desaster für die Gewinnmargen der Unternehmen geworden" (Campillo-Lundbeck 2003). Rabattaktionen rechnen sich nur, wenn der verringerte Preis durch „erhebliche" Mehrkäufe kompensiert wird" (Kaapke u. Ritzka-Roeloffs 2003, S.312; vgl. auch Wübker 2004, S.15f; Spies 2002, S.21f; Schuster 1988, S.78f). Ausreichende Mengeneffekte sind jedoch – nicht nur wegen mangelnder Preiselastizitäten – (fast) nicht zu erzielen (vgl. Wübker 2004, S.16f). Es ist zu erwarten, „dass die Konkurrenz auf Verkaufsaktionen (...) reagiert" (Kaapke u. Ritzka-Roeloffs 2003, S.318). Dies zeigt eindrucksvoll das obige Beispiel der Baumärkte. Eine negative Preisspirale wird in Gang gesetzt: Wettbewerber versuchen, sich gegenseitig durch immer niedrigere Preise zu übertreffen (vgl. Wübker 2004, S.9; Merkel u. Franz 2003, S.797; Zeisel 2000, S.87).

Immer höhere Preisnachlässe nötig

Doch immer höhere Preisnachlässe werden nicht nur fällig, um den Preis des Wettbewerbers zu unterbieten. Der Kunde hat sich längst an niedrige Preise gewöhnt. Schuster (1988, S.77) beobachtete schon in den 80er Jahren in den USA, dass sich Kunden an „ständige Sonderverkäufe" gewöhnen und „einfach auf das nächste Sonderangebot" warten. Diller (1997, S.5) warnt davor, dass die aktionistische Preispolitik „in eine Sackgasse" läuft, „weil immer stärkere Anreize (Preisnachlässe, Preisaktionen, Preiswerbung etc.) eingesetzt werden müssen, um ähnliche Wirkungen zu erzielen, die früher schon mit weit ‚schwächeren' Stimulierungen des Marktes möglich waren" (vgl. auch Merkel u. Franz 2003, S.797).

Kunden verlieren Preisgefühl.

„Billig will ich", redete *Plus* dem Verbraucher ein und *Saturn* schuf mit „Geiz ist geil" ein neues Lebensgefühl. „Wer allerdings immer nur über seine Preise spricht, braucht sich nicht zu wundern, wenn die Kunden nur noch nach den Preisen fragen", stellt Schüller (2004, S.18) fest. „Verzweifelte Sonderpreisaktionen, hohe Rabatte und tiefe Preisstürze loyalisieren nicht" (Schüller 2004, S.24). Im Gegenteil: „Unsere Kunden haben das Vertrauen in Teile des Einzelhandels verloren", klagte jüngst der Vorsitzende des Einzelhandelsverbandes Westfalen-Mitte (2004a), Hans-Jürgen Klems. Die ursprünglichen Preise würden zwangsläufig als völlig überhöht angesehen, denn „welcher Kunde", so Klems, „glaubt schließlich schon ernsthaft daran, dass Preise sonst in diesem Ausmaß herabgesetzt werden können."

Selbst wenn kurzfristige Erfolge möglich sein sollten, „langfristig" werden „das Preisvertrauen der Kunden unterminiert und Preisansprüche geschürt, die auf Dauer nicht haltbar sind" (Diller 1997, S.23). Sebastian (2003, S.34) stellt zur aktuellen Situation fest: „Wer als Kunde noch zu regulären Preisen kauft, ist selbst schuld – oder blöd, wie es *MediaMarkt* in der Werbung bissig-spöttisch zum Ausdruck bringt." Der Kunde lernt also, wenn er nicht auf Rabatte achtet, zahlt er zuviel. Er kann seinem Einzelhändler nicht vertrauen, dass er faire Preise geboten bekommt. So fragte das Wirtschaftsmagazin *brand eins* auf dem Titel der Ausgabe 2/2003: „Was ist was wert?" Die Unterzeile gibt die gegenwärtige Verbraucherverwirrung wieder: „Das ist teuer: Preise ohne Vertrauen, Auswahl ohne Unterschied, Angebote ohne Sinn, Geiz ohne Ende."

Smart Shopper, Shop Hopper, Promotion Hopper – Der Einzelhandel erzieht seine Käufer zu den Kunden, die er nie haben wollte.

Ergebnis der Preisschlachten ist der gefürchtete „Smart Shopper" (vgl. Kopatz et al. 2001, S.10; Diller u. Goerdt 2000, S.165; Diller 1997, S.17; Schüller 2004, S.11), „Shop Hopper" (vgl. Diller u. Goerdt 2000, S.177) oder „Promotion Hopper". Er weiß, wo es gerade welches Sonderangebot gibt. Er spielt die Unternehmen gegeneinander aus und handelt die höchsten Rabatte aus. Er entwickelt mitunter geradezu sportlichen Ehrgeiz, den günstigsten Preis zu erzielen (vgl. Diller 1997, S.17). Er ist „dem Schnäppchen treu und nicht dem Unternehmen" (Schüller2004, S.24). Die Konsequenz für die Unternehmen: „Zuerst verlieren solche Firmen Vertrauen, und am Ende womöglich alles. Es dauert Sekunden, Preise zu senken und manchmal Jahre, sie wieder auf das Ausgangsniveau zu heben" (Schüller 2004, S.24).

2.2 Der Boom der Kundenkarten

„In einem Markt, der durch steigenden Wettbewerb, schwer einzuschätzende und immer besser informierte Kunden sowie stagnierendes Wachstum gekennzeichnet ist, gewinnen Bemühungen um Kundenbindung an Bedeutung und mögen vielleicht einer der wichtigsten strategischen Erfolgsfaktoren unserer Zeit sein", ist Butscher (1998, S.43) überzeugt – und nicht nur er. Es sei an dieser Stelle auf eine Flut von Veröffentlichungen zu den Themen Customer Relationship Management, Relationship Marketing, Kundenorientierung, Kundenzufriedenheit und Kundenbindung verwiesen (vgl. Meffert 2003, S.127).

Die moderne ‚Tante Emma' schafft es nicht mehr ohne Plastikkarten.

Die Händler jedenfalls wünschen sich ähnlich enge Beziehungen zu ihren Kunden, wie sie einst Tante Emma pflegte (Gründe siehe Kapitel 4). Die Wiederentdeckung des Tante-Emma-Prinzips (vgl. Zimmer o.J., S.8; Wiencke u. Koke 1994, S.27f) erfordert genaue Kenntnis der Kunden – auch in anonymen Massenmärkten. Was ist da verlockender als die Einführung eines Kundenausweises in Form einer Plastikkarte? „Kundenkarten und -clubs sind in den letzten Jahren immer populärer geworden – gerade auch im Rahmen der Diskussion der Themen ‚Kundenbindung' und ‚Customer Relationship Management' und aufgrund rechtlicher Neuerungen," beobachten Tomczak et al. (2003, S.288). Dabei ist die Kundenkarte kein neues Instrument. „Bereits 1959 brachte *Breuninger* eine Kundenkarte heraus" (Schuckel u. Knob 2002, S.113; vgl. auch: Kaapke 2001, S.179; Blum 2002, S.251 u. S.255; Calabretti 1999, S.592; URL1).

Ursprünglich ein Zahlungsmittel

Früher war die Kundenkarte vor allem ein Zahlungsinstrument (vgl. Raab u. Lorbacher 2002, S.99). „Modern, zukunftsorientiert und vertrauenswürdig" (Markhoff 1991, S.8) – diese Assoziationen weckte ein Unternehmen Anfang der 90er Jahre, wenn es dem Kunden ermöglichte, mit einer hauseigenen Kundenkarte zu bezahlen. Umsatzschwankungen durch Lohn- und Gehaltstermine sollten durch die Kreditfunktion der Karte ausgeglichen und Impulskäufe ermöglicht werden (vgl. Markhoff 1991, S.8f). Die Zahlungsfunktion einer Kundenkarte war damals so selbstverständlicher Bestandteil, dass Markhoff (1991, S.6) sie sogar in seine Definition der Kundenkarte aufnahm: „Dieser Ausweis berechtigt den Inhaber, Waren und Dienstleistungen des kartenemittierenden Betriebes bargeldlos bis zu einem bestimmten Kreditlimit (...) zu kaufen." Bargeldloses Bezahlen ist heutzutage nichts Besonderes mehr und ebenso wenig sind es Kundenkarten ohne Zahlungsfunktion.

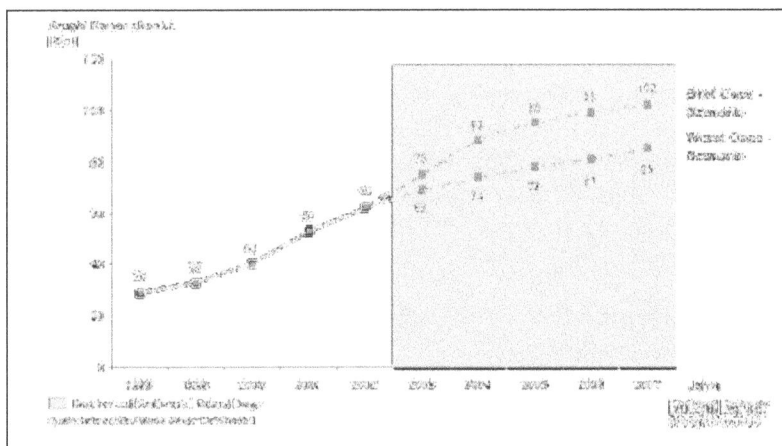

Abbildung 1: quantitative Entwicklung der Kundenkarten in Deutschland
Quelle: Roland Berger Strategy Consultants, Mai 2003, S.10

Fortschritte in der elektronischen Datenverarbeitung

Der Wunsch, Kunden über eine Kundenkarte zu binden und individuell anzusprechen, ist ebenfalls nicht neu. Er wird bereits von Markhoff (1991, S.9) angesprochen. Auch Mohme (1993) beschäftigt sich mit der möglichen Erhöhung der Einkaufsstättentreue durch Kundenkartensysteme. Die elektronische Datenverarbeitung machte in den vergangenen Jahren rasante Fortschritte. Die Informationstechnik sollte ein ganz neues Kundenbeziehungsmanagement möglich machen. Der Einzelhandel sah seine Chance, endlich auch in anonymen Massenmärkten seine Kunden kennen zu lernen. Dabei ist eine nicht zu unterschätzende Datenmenge zu verarbeiten. So umfasst beispielsweise das Angebot des Warenhauses *Karstadt* „mehrere hunderttausend Artikel, die der Kunde zu unterschiedlichsten Zeitpunkten und Preisen kaufen kann" (Merkel u. Franz 2003, S.790). Die Systeme großer Firmen benötigen bis zu mehreren Terabyte Speicherplatz (Bertram u. Schneider 2002, S.324).

Fall von Rabattgesetz und Zugabeverordnung

Die Angst vor feilschenden Kunden durch den Fall von Rabattgesetz und Zugabeverordnung verstärkte in Deutschland die Flut der Kundenbindungsprogramme (vgl. Janzen 2001). Auch bietet der Wegfall des Rabattgesetzes einen höheren Spielraum für Kundenkarten, beispielsweise Rabatte nur für Kundenkartenbesitzer (Kopatz et al. 2001, S.18; vgl. auch Ploss 2002, S.28; Wiencke u. Koke 1994, S.87f).

2.3 Kundenkarten – willkommene Alternative zu offenen Preisverhandlungen

Das Institut für angewandte Verbraucherforschung (IFAV 2002, S.1) beobachtete, „dass viele Unternehmen versuchen, der neuen Schnäppchenjägermentalität durch geeignete Kundenbindungssysteme entgegen zu wirken". Wübker (2004, S.9) berichtet, dass Unternehmen, „um sich dem Preisdruck zu entziehen", immer stärker auf Bonusprogramme setzen (vgl. auch Merkel u. Franz 2003, S.797). Statt über den Preis soll der Kunde laut Wübker (2004, S.9) „durch Zugaben und Rabatte stärker geködert werden". Diese sind jedoch nichts Anderes als Preisnachlässe – allerdings solche, die zunehmend Preistransparenz verhindern (vgl. Sebastian 2003, S.35). So wird die Höhe der über Kundenkarten zu erzielenden Rabatte „häufig überschätzt" (IFAV-Studie 2002, S.2).

Laut IFAV (2002, S.2) bringen Kundenkarten den Unternehmen „auch erhebliche ökonomische Vorteile, weil die Höhe der Rabatte bei Kartensystemen relativ gering ist". In der Tat liegen die Rabatte meist unter oder bei 3%. Allerdings müssen auch die Kosten für ein Kartenprogramm betrachtet werden (siehe Kapitel 6.1).

Darüber hinaus müsste ausreichend Personal vorhanden sein, das berechtigt ist, Verhandlungen zu führen (vgl. IFAV 2002, S.2). „Horror, wenn in Zukunft an der Kasse im Supermarkt über den Preis verhandelt werden kann", fasst Sebastian (2003, S.35) die Angst vieler Einzelhändler in Worte. Durch Kundenkarten können Unternehmen „vermeiden, ihren Mitarbeitern Kompetenzen für Gespräche über Rabatte und Zugaben einräumen zu müssen." (IFAV 2002, S.2). Dies kommt auch den Kunden entgegen, die sich vor Preisverhandlungen scheuen (vgl. IFAV 2002, S.2). Denn nur 28,4 Prozent der von IFAV (2002, S.11) Befragten gaben an „trifft voll und ganz zu" oder „trifft eher zu" zu „Es macht mir Spaß, beim Einkaufen zu handeln".

3. Kundenkarten – Ziel: Kundenbindung

„Um einen Preiswettbewerb weitgehend abzuwenden, vollzieht sich derzeit im Marketing eine Trendwende" (Kopatz et al. 2001, S.10): vom Massenmarketing zum – möglichst kundenindividuellen – Beziehungsmarketing. Ob es sich dabei um einen Paradigmenwechsel in der Marketingwissenschaft handelt oder um eine bloße Weiterentwicklung bestehender Ansätze, ist für diese Arbeit unerheblich und wird daher nicht weiter vertieft. Interessant ist, dass sich durch das Gestalten von individuellen Kundenbeziehungen möglicherweise Preiskämpfe abwenden lassen. Langfristige Kundenbeziehungen setzen Kundenbindung zwangsläufig voraus.

Kundenbindung in aller Munde

Das Ziel Kundenbindung wird immer wieder besonders betont (vgl. Kopatz et al. 2001, S.9; Wiesner 2001, S.34). „Kundenbindung gilt als strategische Marketinggröße", behauptet Schweitzer (2003, S.4). „Kaum eine Unternehmung wird die Kundenbindung nicht als eine ihrer wichtigsten psychographischen Zielgrößen bezeichnen", ist Meffert (2003, S.128) überzeugt. Die Reihe der Kundenbindungsbefürworter ließe sich beliebig fortsetzen.

Der Begriff Kundenbindung

Oftmals ist, wenn von Kundenbindung gesprochen wird, eine freiwillige Bindung des Kunden aus Überzeugung gemeint. Doch „der Begriff der Kundenbindung wird in der Literatur ebenso wie im Sprachgebrauch recht unterschiedlich angewendet" (Diller 1996, S.81). Kundenbindung bezeichnet sowohl die Bemühungen des Anbieters um eine engere Geschäftsbeziehung als auch das erfolgreiche Ergebnis: die Bereitschaft von Kunden zu Folgekäufen bei einem bestimmten Anbieter (vgl. Diller 1996 S.82f). Ersteres, also die Aktivität des Anbieters, wird auch als Kundenbindungsmaßnahme bezeichnet.

Freiwillige und unfreiwillige Bindungen

Kundenbindung, als Bereitschaft zu Folgekäufen, kann verschiedene Ursachen haben. Sie kann auf einer entsprechenden Einstellung des Kunden beruhen. Hier sind kognitive (mit Wissen und gedanklichen Prozessen verbundene) und affektive (mit Werthaltungen und Emotionen verbundene) Aspekte zu nennen (vgl. Diller 1996, S.83). Beruht die Kundenbindung auf einer positiven Einstellung des Kunden zum Anbieter, spricht man von freiwilliger Kundenbindung oder Kundenloyalität (vgl. Bergmann 1998, S.22). Von unfreiwilliger Bindung wird gesprochen, wenn Verträge zeitweilig einen Ausstieg aus der Geschäftsbeziehung erschweren oder verhindern, wenn der Kunde die Wechselkosten als zu hoch einstuft, und wenn technisch-funktionale Abhängigkeiten bestehen (Schweitzer 2003, S.6f). Bei unfreiwilliger Kundenbindung besteht die Gefahr, dass sie beendet ist, sowie sich für den Kunden eine Alternative auftut. Wirklich anzustreben ist daher eine freiwillige Kundenbindung, denn sie beinhaltet loyales Verhalten des Kunden.

Beobachtetes Verhalten

Einstellungen des Kunden sind jedoch nur schwer zu erfassen. So wird meistens von in der Vergangenheit beobachteten Kundenverhalten ausgegangen (vgl. beispielsweise Künzel 2003, S.21). Unternehmen gehen von Kundenbindung aus, wenn der Kunde wiederholt bei einem Anbieter gekauft hat. Dies kann dann noch in Relation zu den Ausgaben des Kunden in anderen Geschäften gesetzt werden, sofern die Daten vorhanden sind oder über Haushaltspanels geschätzt werden können. Das vergangene Verhalten ist jedoch nur bedingt aussagefähig für die Zukunft.

Wenn von den positiven Effekten der Kundenbindung gesprochen wird, wird meistens nicht gesagt, welche Form der Bindung gemeint ist. Im Folgenden werden oft genannte Vorteile der Kundenbindung näher analysiert und kritisch hinterfragt.

3.1 Kundenbindung ist billiger als Neukundengewinnung.

Die Behauptung, Kundenbindung sei wesentlich billiger als Neukundengewinnung, gleicht in der Literatur schon fast einem unantastbaren Glaubensbekenntnis. „Es ist etwa vier bis sechs mal so teuer, einem Neukunden etwas zu verkaufen, als einen bestehenden Kunden zu einem Nach- oder zusätzlichen Kauf zu bewegen," behauptet Butscher (1998, S.73) ohne jede Differenzierung. Eine Quelle nennt er nicht. Er ist nicht der einzige, der so verfährt (vgl. Pietersen 2001, S.72: ungefähr fünfmal; Ploss 2001, S.59: etwa zehnmal; Raab u. Lorbacher 2002, S.67 u. S.86: sechsmal; Pepels 2004, S.354: drei- bis siebenmal; Müller 1994, S.197: fünf- bis achtmal).

Nur Schätzungen ...

Ein ähnliches Kostenverhältnis findet sich bei Künzel (2003, S.9): „Eine Studie des Beratungsunternehmens McKinsey & Company konnte zeigen, dass die Pflege loyaler Kunden lediglich 15 bis 20% dessen erfordert, was für die Kundengewinnung nötig ist (vgl. Finkelman/Goland 1990, S.5)." In dem zitierten Aufsatz findet sich auf Seite 3 (nicht 5) folgende Aussage: „And according to the American Marketing Association and the Forum Corporation estimates, it can cost one-fifth to one-sixth as much to keep a customer as it does to acquire a new one." Es handelt sich also um Schätzungen (estimates), nicht um eine wissenschaftlich fundierte Studie. Ebenfalls nur von „Schätzungen" sprechen Kaapke u. Dobbelstein (2001, S.53).

... und jeder schreibt es ab ...

Lauer (2004, S.22) weiß von dem gleichen Zahlenverhältnis zu berichten: „Schätzungen gehen davon aus, dass die Pflege aktueller Kundenpotenziale lediglich 15 bis 20% der Aufwendungen erfordert, die für Neukundenakquisition aufgewendet werden müssen."

Eine Einschränkung macht Lauer nur in seinen Anmerkungen (S.38): „Diese Tatsache wird allerdings immer wieder angezweifelt, ihre Höhe ist sicherlich auch von der jeweiligen Branche abhängig und davon, ob es sich um Business-to-Business oder Business-to-Consumer-Geschäfte handelt." Eine sprachliche Unterscheidung zwischen „Schätzungen" und „Tatsachen" wird von Lauer an dieser Stelle nicht getroffen. Lauer nennt eine andere Quelle: Tomczak u. Dittrich (2000, S.107). Dort wiederum steht: „Die (...) Studie von Müller/Riesenbeck (1991) zeigte, (...)." Es drängt sich die Frage auf, ob etwas um so wahrer wird, je öfter es zitiert wird. So spricht Meffert (2003, S.128) von einer „häufig zitierten Tatsache (...), dass die Kosten der Neukundenakquisition etwa das Fünffache jener Kosten betragen, die für die Pflege von Altkunden aufzubringen sind". Er nennt ebenfalls Müller/Riesenbeck 1991 als Quelle.

...seit über 10 Jahren.

Müller u. Riesenbeck (1991, S.69) schreiben: „Erfahrungen aus der Unternehmenspraxis zeigen, dass die Pflege loyaler Kundenpotentiale lediglich 15 bis 20 Prozent der Aufwendungen erfordert, die das Marketing für die Gewinnung neuer Kunden einsetzen muss." Leider findet sich dort kein Hinweis, in welchen Unternehmen diese Zahlen gewonnen wurden, aus welchen Branchen sie stammen, und ob sie nur für den Business-to-Business-Bereich (B2B) oder auch für den Business-to-Consumer-Bereich (B2C) gelten. Es ist noch nicht einmal klar, ob es sich um eine nach wissenschaftlichen Kriterien durchgeführte Studie handelt oder einfach nur um zufällig gewonnene Erfahrungswerte.

Heute: Mehr Ausgaben, weniger Kundenbindung

Die Ausgaben für Kundenbindung sind in den vergangenen Jahren stark gestiegen. Es gibt mittlerweile eine Vielzahl von kostenintensiven Kundenkartensystemen. Mehr als eine Milliarde Dollar gaben Europas 16 Top-Einzelhändler allein im Jahr 2000 für Kundenbindungsprogramme aus (Reinartz u. Kumar 2003, S.68). Dennoch sind Klagen zu hören, dass Käufer „immer illoyaler werden" (Schüller 2004, S.14; vgl. auch Ploss u. Augustinov 2001, S.13; Simon et al. 2003a, S.23). Gestützt werden diese durch die Ergebnisse des „Kundenmonitor Deutschland 2003". Die Kundenbindung ist seit drei Jahren rückläufig – gemessen durch die Indikatoren „Wiederkauf-/Wiederwahlabsicht" und „Weiterempfehlungsabsicht" (vgl. Schüller 2004, S.17; o.V. 2003, S.43). Angesichts dieser Veränderungen ist es unwahrscheinlich, dass der Wert aus dem Jahr 1991 noch unverändert gilt. Die Kosten, die nötig sind, um einen Kunden zu binden, dürften schon allein aufgrund der immer stärkeren Konkurrenz gestiegen sein. Schließlich sind die Kunden es mittlerweile gewöhnt, dass verschiedene Anbieter um sie als Stammkunden werben.

Einzelfall prüfen

Zweifelsohne ist davon auszugehen, dass die Kosten pro Neukunde im B2B-Bereich wesentlich höher liegen als im B2C-Bereich bei anonymen Massenmärkten mit viel Laufkundschaft. Insofern ist es – jenseits der aktuellen Entwicklung - äußerst fraglich, ob diese Zahl auf die Problemstellung dieser Arbeit anwendbar ist. Glaubhaft und überzeugend, denn sonst würde es nicht immer wieder nahezu blind zitiert, erscheint, dass es billiger sein kann, Kunden zu binden als neue Kunden zu gewinnen. Dies gilt jedoch, wie in Kapitel 4.3 näher erläutert wird, keinesfalls für alle Kunden. Insofern ist es naiv anzunehmen, ein „Kundenbindungsprogramm" würde automatisch den erhofften Effekt erbringen und wäre dazu auch noch billiger als andere Marketingmaßnahmen.

3.2 Gebundene Kunden zahlen mehr.

Ebenfalls oft diskutiert wird die höhere Zahlungsbereitschaft gebundener Kunden. „Stammkunden weisen eine geringere Preisempfindlichkeit als Neukunden auf", sind nicht nur Raab u. Lorbacher (2002, S.14) überzeugt (vgl. auch: Markhoff 1991, S.59; Mohme 1993, S.44; Bergmann 1998, S.43f; Bruhn 2001, S.3; Pietersen 2001, S.72; Ploss u. Augustinov 2001, S.27; o.V. 2001d, S.348; Gawlik et al. 2002, S.27; Raab u. Lorbacher 2002, S.19 u. S.72). Reichheld u. Sasser (1991, S.109) werden oftmals in diesem Zusammenhang zitiert: „Ebenso können Unternehmen mit einem seit Jahren festen Kundenstamm für ihre Produkte oder Dienstleistungen höhere Preise verlangen." Dies sei möglich, da die Kunden Vertrauen in die Qualität des Anbieters haben.

Motiv: Risikoreduktion

Statt von Vertrauen in den Anbieter spricht Bruhn (2001, S.3) von Risikoreduktion: „Außerdem konnte eine Steigerung der Preisbereitschaft gebundener Kunden beobachtet werden, da sie für die Risikoreduktion zur Zahlung von sog. ‚Price Premiums' bereit waren." Der Begriff Price Premium bezeichnet geringfügige Preisaufschläge. Bei längeren Kundenbeziehungen ist der Kundenwunsch nach Risikoreduktion ausgeprägter, denn „je mehr sich ein Kunde an ein Produkt oder eine Dienstleistung gewöhnt hat (...), desto größer wäre sein Risiko, bei einem Wechsel enttäuscht zu werden (...)" (Ploss u. Augustinov 2001, S.27).

Ein weiterer Grund ist laut Ploss u. Augustinov (2001, S.28), dass „Stammkunden seltener Preise vergleichen". Dieses Argument ist kritisch zu sehen. Stammkunden vertrauen ihrem Anbieter, dass sie dort ein faires Preis-Leistungsniveau geboten bekommen. Dieses Vertrauen bindet sie an ihren Anbieter. Doch auch Stammkunden vergleichen Preise – nur nicht so oft, da das Vertrauen in ihren Anbieter für sie die Notwendigkeit vergleichender Preisinformationen teilweise ersetzt. Sollten sie jedoch bei einem ihrer Preisvergleiche erfahren, dass sie in der Vergangenheit überteuert gekauft haben, wird das Vertrauen in ihren Anbieter zerstört. Ein geringer Preisaufschlag, Price Premium, wird mitunter noch hingenommen – abhängig davon, was der Anbieter dem Kunden an sonstigen Vorteilen bietet.

Gutenberg bezeichnet diese sonstigen Vorteile als akquisitorisches Potential. Über das Konzept des akquisitorischen Potentials und die doppelt-geknickte Preis-Absatz-Funktion kann die erhöhte

Zahlungsbereitschaft gebundener Kunden erklärt werden (vgl. Bergmann 1998, S.43f; Markhoff 1991, S.59).

Das akquisitorische Potential

Der Begriff des akquisitorischen Potentials geht zurück auf Gutenberg (1984, S.243): „Mit der Qualität der Waren, die angeboten werden, dem Ansehen des Unternehmens, seinem Kundendienst, seinen Lieferungs- und Zahlungsbedingungen und gegebenenfalls auch seinem Standort verschmelzen alle diese, oft rational gar nicht fassbaren Umstände zu einer Einheit, die das ‚akquisitorische Potential' genannt sei." Das akquisitorische Potential bezeichnet „die Fähigkeit eines Wirtschaftsunternehmens, Abnehmer für seine Güter und/oder Dienstleistungen sowohl anzuziehen als auch festzuhalten" (o.V. 2001c, S.32).

Markhoff (1991, S.59) geht davon aus, dass „durch die vielfältigen, im Zusammenhang mit der Kundenkarte durchgeführten absatzpolitischen Maßnahmen ein erhöhtes akquisitorisches Potential vorliegt, das in verstärkten Präferenzen und erhöhter Kundenbindung zum Ausdruck kommt." Ein Gedanke, der sich so ähnlich – wenn auch ohne Bezugnahme auf Kundenkarten – schon bei Gutenberg (1984, S.243) findet: „Ist es einem Unternehmen gelungen, eine enge Verbindung mit seinen Kunden herzustellen, dann verfügt ein solches Unternehmen offenbar über ein großes akquisitorisches Potential."

Durch sein akquisitorisches Potential unterscheidet sich das Unternehmen von seinen Konkurrenten. Bei vollkommener Konkurrenz müsste der einzelne Anbieter den Marktpreis als gegeben akzeptieren. Durch sein akquisitorisches Potential schafft sich der Anbieter einen eigenen „Firmenmarkt". So kann er sich innerhalb gewisser Grenzen dem Wettbewerb entziehen. Er hat einen – wenn auch sehr geringen – monopolistischen Spielraum. Erst ein unvollkommener Markt – also einer, auf dem sich die Wettbewerber unterscheiden – ermöglicht in engen Grenzen eine autonome Preispolitik, wie Gutenberg anhand der doppelt-geknickten Preis-Absatz-Funktion erklärt.

Die doppelt-geknickte Preis-Absatz-Funktion

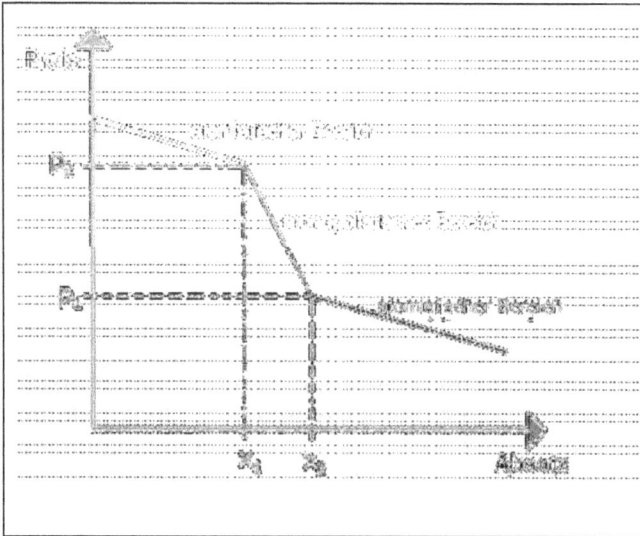

Abbildung 2: Die doppelt-geknickte Preis-Absatz-Funktion
Quelle: eigene Darstellung in Anlehnung an Gutenberg 1984, S.247;
Wöhe u. Döring 2000, S.561f; o.V. 2001c, S.32.

Die doppelt-geknickte Preis-Absatz-Funktion enthält einen mono-polistischen Bereich, der abhängig vom akquisitorischen Potential des Unternehmens unterschiedlich groß ist (Abbildung 2). Jedes Un-ternehmen hat somit eine andere individuelle Absatzkurve. Der mo-nopolistische Bereich der Preis-Absatz-Funktion ist das Preisinter-vall, in dem das Unternehmen über die Möglichkeit verfügt, seine Preise zu erhöhen (oder zu senken), ohne dass viele Käufer an Kon-kurrenzunternehmen abgegeben werden müssten (oder von diesen abgeworben werden könnten). Das Unternehmen kann sich also in-nerhalb dieses engen Rahmens wie ein Monopolist verhalten. Die Größe dieses Bereiches hängt vom akquisitorischen Potential ab, da angenommen wird, dass die werbende Kraft des akquisitorischen

Potentials nachlässt, je mehr die höhere Preisforderung vom Ausgangspreis entfernt ist. Das Unternehmen, das über das höchste akquisitorische Potential verfügt, wird bei Preiserhöhungen „am spätesten einen spürbaren Verlust" an Käufern zu verkraften haben (Gutenberg 1984, S.246).

Häufige Fehlinterpretation

In der Praxis wird dies oft verkürzt dargestellt und angenommen, dass Stammkunden mehr zahlen. So lassen sich Unternehmen das durch gute Leistungen erdiente Vertrauen durch höhere Preise bezahlen. Ein Vorgehen, das nicht unbedingt bindungsfördernd ist (vgl. Künzel 2003, S.33). Kritisch ist diese Interpretation, wenn Neukunden mit verbilligten Angeboten geworben werden, und bestehende Kunden davon ausgeschlossen werden, beispielweise, wenn ein Kundenbindungsprogramm Neukunden durch spezielle Sonderaktionen anzuwerben versucht. Dies verärgert die Stammkunden und fördert deren Wechselbereitschaft. Gutenberg schreibt jedoch über allgemeine Preiserhöhungen, nicht über Preisdifferenzierung zwischen Neu- und Altkunden.

Price Premiums im Lebensmitteleinzelhandel: empirische Untersuchung

„Im Hinblick auf den Preis zahlen treue Käufer gemäß unserer Analysen im Durchschnitt aller Warengruppen einen etwas höheren Betrag", stellen Diller u. Goerdt (2000, S.183) in ihrer Auswertung der Haushaltspaneldaten aus den Jahren 1995 bis 1997 fest. Doch führen sie dies nicht zwangsläufig auf eine „geringere Preiselastizität" zurück. Es kann auch daran liegen, „dass treue Konsumenten eher hochwertige Marken oder Spezialitäten erwerben bzw. in hochpreisigen Fachgeschäften einkaufen." Aus dem Aufsatz von Diller u. Goerdt (2000) geht nicht hervor, wie sie den höheren Preis definiert haben. Es könnte sowohl ein höherer Preis für ein Markenprodukt verglichen mit einem Noname-Produkt gemeint sein als auch ein höherer Preis in der bevorzugten Einkaufsstätte verglichen mit einer konkurrierenden Einkaufsstätte für ein identisches Pro dukt. Nur Letzteres würde bedeuten, dass an einen Händler gebundene Kunden bereit sind, höhere Preise zu zahlen.

Vorsicht geboten

Eine erhöhte Zahlungsbereitschaft von Stammkunden lässt sich erklären – allerdings nur in engen Grenzen. Sollten Händler die Preise aufgrund ihrer großen Stammkundschaft erhöhen wollen, ist Vorsicht geboten. Auf keinen Fall darf eine solche Preiserhöhung zu hoch ausfallen, denn der monopolistische Bereich ist eng begrenzt. Auch sollten nicht die Stammkunden offenkundig mehr zahlen müssen als Neukunden, da dies zur Verärgerung führt. Keinesfalls liegt ein Automatismus zwischen Einkaufsstättentreue und Zahlungsbereitschaft vor. So gehört *Aldi* zu den Läden mit der höchsten Einkaufsstättentreue (Diller u. Goerdt 2000, S.175). Keiner würde jedoch *Aldi* ernsthaft raten, diese auszunutzen und höhere Preise zu verlangen. Denn *Aldi*-Käufer schätzen gerade die niedrigen Preise. Höhere Preise können nur Händler verlangen, die dies durch entsprechenden Service oder hohe Qualität rechtfertigen.

3.3 Gebundene Kunden verursachen geringere Kosten.

Oftmals wird argumentiert, dass die Kundenbetreuungskosten mit zunehmender Dauer der Beziehung abnehmen, da sich Kunde und Verkäufer kennen und so besser zusammenarbeiten (vgl. z.B.: Calabretti 1999, S.591). Es droht jedoch die Gefahr, dass die Kunden sich zunehmend schlechter betreut fühlen und abwandern (vgl. Lauer 2004, S.24). Merkel u. Franz (2004, S.794) gehen davon aus, dass „je gefestigter die Beziehung des Kunden zu *Karstadt* ist, der zur Kaufbeeinflussung notwendige Aufwand" sinkt. Dies ist jedoch problematisch, da der Kunde umworben werden möchte – wenn auch nicht unbedingt durch unpersönliche Massenwerbung.

Denkbar sind Einsparpotentiale im Handel bezüglich der Sortimentsvielfalt. Ein Händler, der seine Kunden genau kennt, kann ein spezielles auf diese Zielgruppe zugeschnittenes, und damit deutlich kleineres Sortiment anbieten und so Kosten sparen (vgl. Rapp 2000, S.98; O'Brien u. Jones 1995, S.105).

Durch genauere Kundenkenntnis ist es ebenfalls möglich, die Werbungskosten zu senken. Weniger Massenwerbung im Gießkannenprinzip mit enormen Streuverlusten (vgl. Künzel 2003, S.1) ist notwendig, stattdessen können die Kunden zielgenau, individuell und ohne oder nur mit geringen Streuverlusten angesprochen werden (vgl. Lauer 2004, S.31ff; Butscher 1998, S.113; Merkel u. Franz 2004, S.799; Wiencke u. Koke 1994, S.31). Die britische Supermarktkette *Tesco* soll durch zielgenaueres Marketing 300 Millionen Pfund pro Jahr sparen. Ein „angeblich" fügt Willenbrock (2003b, S.75) dieser Zahl jedoch hinzu.

3.4 Gebundene Kunden sind immun gegen Abwerbungsversuche.

„Untreue Kunden sind anfällig für Marketingmaßnahmen der Konkurrenten und neigen bei Sonderpreisaktionen eher zu Geschäftswechseln" (Diller u. Goerdt 2000, S.173). Im Umkehrschluss hieße dies: Treue Kunden sind „immun" gegenüber den Verkaufsaktionen der Konkurrenz. So zumindest der Traum vieler Marketingmanager. Diller (1996, S.81) behauptet: „Im Verdrängungswettbewerb sieht sich derjenige Anbieter im Vorteil, dem es in der Vergangenheit gelungen ist, seine Kunden möglichst eng an sich zu binden und sie so auf diese Weise vor Abwerbungsversuchen der Wettbewerber zu immunisieren." Genaugenommen ist dies jedoch kein eigener Effekt, sondern nur eine Umschreibung der Kundenbindung. Denn Kundenbindung bedeutet die Treue zu einem Anbieter. Fraglich ist nur, wie weit die Treue reicht. Eine empirische Studie wird von den Autoren nicht zur Begründung genannt.

3.5 Gebundene Kunden erzeugen mehr Umsatz.

Als weiterer Nutzen werden Umsatzsteigerungen im Verlauf der Kundenbeziehung genannt. Eine Ursache hierfür ist, dass sich „der Wohlstand bei den meisten Menschen im Laufe der Zeit vermehrt – als Student hat man relativ wenig Geld, als Berufsanfänger dann etwas mehr und im Laufe der Karriere steigt das verfügbare Einkommen für gewöhnlich an" (Ploss u. Augustinov 2001, S.25f).

Gleichzeitig versuchen Anbieter im Laufe der Kundenbeziehung, den „share of wallet" zu erhöhen, also den Anteil der Gesamtausgaben eines Kunden, den er bei einem Anbieter ausgibt. So führt eine stärkere Identifizierung der Kunden mit dem Unternehmen zu einer erhöhten Wiederkaufsrate oder einem erhöhten Kaufvolumen (Butscher 1998, S.107). Weiterhin wird gezielt versucht, mehr Umsätze durch Up-selling zu erreichen. Dies meint, den Kunden zum Kauf höherwertiger Produkte zu bewegen (vgl. Lauer 2004, S.23). Weitere Möglichkeit ist das Cross-Selling. Es wird versucht, dem Kunden „nicht nur ein einzelnes Produkt, sondern mehrere Produkte, möglicherweise aus unterschiedlichen Produktkategorien von ein und dem selben Unternehmen" zu verkaufen (u.a. Lauer 2004, S.23). Die Erfolgschancen werden in Kapitel 6.2.2 untersucht.

3.6 Gebundene Kunden werben für ihren Anbieter.

Ein „zufriedener Kunde" empfiehlt ein Unternehmen ca. dreimal weiter (Lauer 2004, S.25; Ploss u. Augustinov 2001, S.19; Wittbrodt 1995, S.24). Woher die quantitative Angabe drei Mal kommt, wird nicht gesagt. Schlichte Zufriedenheit wird jedoch nicht zu den Weiterempfehlungsraten führen wie hohe Zufriedenheit bzw. Begeisterung (vgl. Kapitel 5.1; Ploss u. Augustinov 2001, S.21f). Viele Autoren (Pohlmann 2003, S.15; Raab u. Lorbacher 2002, S.93; Pietersen 2001, S.72; Bruhn 2001, S.5f; Kopatz et al. 2001, S.33; Rapp 2000, S.97; Herrmann et al. 2000, S.52; Calabretti 1999, S.591; Butscher 1998, S.71; Reichheld 1997, S.64) nennen keine genaue Zahl.

Loyalität als Voraussetzung

Allgemein wird davon ausgegangen, dass loyale Kunden „ihr Unternehmen" weiterempfehlen, sie also als „kostenlose Werbetreibende" auftreten (Lauer 2004, S.25). Die persönliche Empfehlung ist nicht nur die billigste, sondern auch die glaubhafteste Werbung (vgl. Herrmann et al. 2000, S.52). Weiterer positiver Effekt: Kunden, die aufgrund einer Empfehlung kommen, werden eher zu loyalen Kunden als Käufer, die über eine Anzeige von dem Angebot erfahren haben (vgl. Herrmann et al. 2000, S.52).

Eine solche Mund-zu-Mund-Werbung findet nur bei freiwilliger Kundenbindung statt, bei unfreiwilliger ist das Gegenteil zu befürchten, wie die Beispiele der ehemaligen Monopolisten Bahn, Telekom und Post zeigen. Gezielt gefördert werden können Weiterempfehlungen durch die bekannten Formen der Freundschaftswerbung, welche sich in ein Kundenbindungsprogramm integrieren lassen.

3.7 Was Kunden über Kundenbindung denken

Die Vorteile der Kundenbindung für die Anbieter wurden bereits ausführlich diskutiert. Kurz gesagt: Kundenbindung bedeutet Wettbewerbsreduzierung. Doch für den Kunden „bedeutet Wettbewerb, dass er immer aufs neue umworben wird, dass sich die Anbieter bei dem Versuch, mit ihm ins Geschäft zu kommen, überbieten" (Müller-Hagedorn 2001, S.26). Dem Kunden müssen also durch den Anbieter erkennbare Vorteile geboten werden, sonst „kann kein Kunde ein Interesse daran haben, die Waffe des Wettbewerbs aus der Hand zu geben" (Müller-Hagedorn 2001, S.27).

Doch der Wettbewerb hat nicht nur Vorteile für den Kunden. So sind beispielsweise Preisvergleiche zeitaufwendig. Diller u. Goerdt (2000, S.166) verweisen auf Angaben von A.C. Nielsen, nach denen „jeder Haushalt pro Quartal rund 14 Geschäfte" aufsucht, verteilt auf „Verbrauchermärkte (2,1), Discounter (2,0), Supermärkte (1,9), Kauf- und Warenhäuser (1,3), Getränkeabholmärkte (1,0) und sonstige (insbesondere Lebensmittelhandwerk 4,5)". Dies bedeutet für die Verbraucher einen stark erhöhten Einkaufsaufwand. Die zurückzulegenden Wege und der Zeitbedarf für das Aufsuchen verschiedener Geschäfte können als Opportunitätskosten betrachtet werden (vgl. Diller 1997, S.8).

Diller u. Goerdt (2000, S.166f) sehen daher insbesondere im Lebensmitteleinzelhandel noch „unausgeschöpfte Bindungspotentiale" und gehen deshalb – auch aus Kundensicht – von einer „zunehmenden Bedeutung der Kundenbindung als Marketingziel im Handel" aus. Fraglich ist jedoch, inwieweit dem Kunden diese Opportunitätskosten bewusst sind bzw. bewusst gemacht werden können.

4. Kundenkarten im Rahmen des Customer Relationship Management

An dieser Stelle soll kurz auf den Ansatz des Customer Relationship Management (CRM) eingegangen werden. Denn nicht nur Kopatz et al. (2001, S.13ff) gehen - wie auch die Autorin - davon aus, dass die dauerhafte Bindung der „richtigen" Kunden nur durch sinnvolles Customer Relationship Management erreicht werden kann. Zwei immer wieder als erfolgreich geschilderte Kundenkartenprogramme beruhen auf diesem Ansatz: Die *Douglas Card* der Parfümerie-Kette *Douglas* und die *Tesco Club Card* der britischen Supermarktkette *Tesco* (vgl. Künzel 2003, S.51; Meyer u. Schneider 2002, S.311).

Im Geschäftsbericht von *Douglas* (2004, S.32) steht: „Mit dem datenbankgestützten Direct-Marketing-Programm der *Douglas Card* wird ein erfolgreiches Customer-Relationship-Management umgesetzt, bei dem die verschiedenen Zielgruppen effizient angesprochen werden können." Die britische Supermarktkette *Tesco* startete 1996 „mit einem Loyalitätsprogramm, in dessen Rahmen die *Tesco Club Card* angeboten wurde" (Rapp 2000, S.69; Rapp 2003, S.69). Vier Jahre später zieht Rapp (2000, S.69) folgendes Fazit: „*Tesco* wurde zur viel bewunderten Benchmark im Customer Relationship Management."

Nicht nur Software

Customer Relationship Management (CRM) wird im Rahmen dieser Arbeit ausdrücklich nicht als eine IT-Fixierung verstanden, sondern als ganzheitlicher Managementansatz (vgl. Bruhn 2001, S.VI; Homburg u. Sieben 2003, S.425). Dabei darf nicht in Vergessenheit geraten, dass es erst durch Kundenkarten- und Scannerkassen-Systeme, also technische Hilfsmittel, im Einzelhandel möglich wurde, „Einzelkunden und Kundengruppen gezielt zu analysieren und entsprechend zu bearbeiten" (Diller u. Goerdt 2000, S.165f; vgl. auch Kapitel 2.2). Informationstechnik ist in anonymen Massenmärkten zwingend notwendig für ein Kundenbeziehungsmanagement.

Customer Relationship Management umfasst „die Planung, Durch-
führung und Kontrolle sowie Anpassung aller Unternehmensaktivi-
täten, die zu einer Erhöhung der Profitabilität der Kundenbeziehung und damit zu einer Optimierung des Kundenportfolios beitra-
gen" (Homburg u. Sieben 2003, S.425). Dabei stehen folgende Prin-
zipien im Vordergrund: Kundenorientierung, Wirtschaftlichkeit,
Systematisierung, Individualisierung und IT-Anwendung.

Kundenkarte im CRM

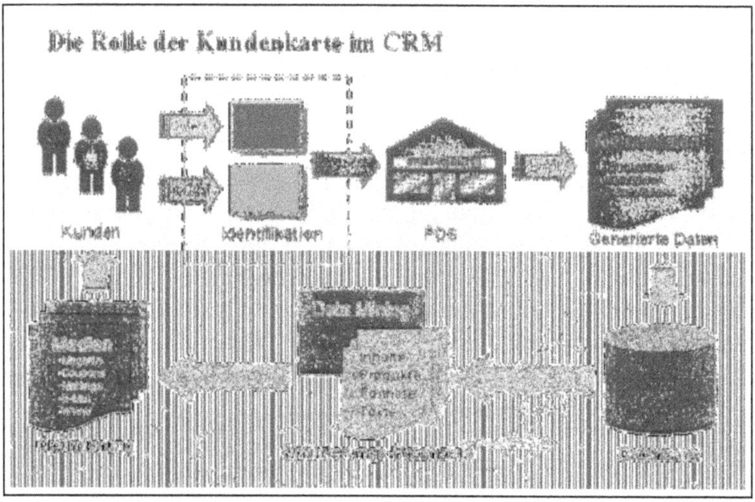

Abbildung 3: Die Rolle der Kundenkarte im CRM
Quelle: Kopatz et al. 2001, S.14; eigene Überarbeitung

Kundenkartenprogramme stellen somit einen Bestandteil des CRM
dar. Doch der Einsatz einer Karte ist erst dann sinnvoll, wenn sie in
ein unternehmensweites CRM-Konzept eingebunden ist. Ist der
Mitarbeiter unfreundlich zu den Kunden, nützt auch keine Kundenkarte. Wenn die gewonnenen Daten nicht ausgewertet und die
entsprechenden Schlüsse gezogen werden, könnte man auch zu den
altbewährten Rabattheften zurückkehren. Ebenfalls besonders her-
vorzuheben ist, dass Kundenorientierung im Sinne des CRM kein
Selbstzweck ist, sondern gleichberechtigt neben Wirtschaftlichkeit

steht. Ziel des CRM ist es daher, die ‚richtigen' Kunden zu binden –
und nicht alle Käufer.

Im Folgenden soll geprüft werden, welche Konsequenzen sich aus
dem neuen CRM-Gedanken für das wesentliche ältere Instrument
Kundenkarte ergeben und welche Erweiterung es so erfahren kann.
Dies erfolgt unter Berücksichtigung des Einzelhandels. Dort ist
CRM ohne Kundenkarte nahezu undenkbar.

4.1 Kundenidentifikation als Grundlage der Kommunikation

Im Einzelhandel ist der Kunde zumeist anonym. Mit einem anonymen Kunden ist keine individuelle Beziehung oder Kommunikation
möglich. Anonyme Kunden sind nicht zu unterscheiden. Doch „nur
wer seine Kunden bezüglich ihres Verhaltens unterscheiden kann,
ist in der Lage, dieses Verhalten zielgerichtet zu beeinflussen, und
nur wer zielgerichtet in seine Kunden investiert, kann langfristig
den Unternehmenswert steigern" (Rapp 2000, S.83f). Deshalb müssen Wege gefunden werden, die Kunden zu identifizieren und ihnen Verhaltensdaten zu zuordnen.

Datenbank als Unternehmensgedächtnis

Herzstück eines jeden CRM-Konzeptes ist eine Datenbank zur Erfassung und systematischen Auswertung der Kundendaten (vgl.
Kapitel 4.2). Diese vergleicht Butscher (1998, S.329) mit einem „Un-
ternehmensgedächtnis, das (...) hilft, individuelle Transaktionsbe-
dürfnisse und Verhaltensinformationen festzuhalten, zu analysieren
und zu gruppieren". Die benötigten Daten „lassen sich allerdings
nur erheben, wenn Kunden eine unternehmenseigene Kreditkarte
haben oder sich auf andere Weise am Point-of-Sale identifizieren"
(Butscher 1998, S.110).

Kunde, nenn' Deinen Namen!

Möglich wäre, jeden Kunden an der Kasse nach seinem Namen zu fragen oder dem Kunden einen Anreiz zu bieten, seinen Namen an der Kasse zu nennen. Bei den Dortmunder *Ausbüttels* Apotheken erhalten Kundenkartenbesitzer – auch ohne die Karte dabei zu haben – drei Prozent Rabatt auf nicht verschreibungspflichtige Artikel, wenn sie ihren Namen nennen. Doch die Kundenzahl einer Apotheke ist nicht mit der eines großen Warenhauses zu vergleichen.

Kundenkarte – das Mittel der Wahl

„Für den stationären Einzelhandel" sehen Merkel u. Franz (2004, S.795) in der Kundenkarte „das einzige Instrument, die bisher anonymen Kundenbeziehungen zu personalisieren." Auch für Bertram u. Schneider (2002, S.323) ist eine Kundenkarte „zwingende Notwendigkeit". Dies ist übertrieben, denn das Problem ist auch anders lösbar, wie das Beispiel *Ausbüttels* zeigt. Rapp (2000, S.140) nennt die Kundenkarte nur als ein Beispiel (vgl. auch Herrmann et al. 2000, S.53). Eine Kundenkarte ist sicherlich das einfachste und zweckmäßigste Instrument, Kunden im Einzelhandel zu identifizieren und ihnen Kaufdaten zu zuordnen. „Wer (...) seine Kundschaft kennen lernen will, kommt am Instrument Kundenkarte kaum vorbei" (Stoff u. Schröder 2002, S.36).

4.2 Datenauswertung – verkanntes Erfolgspotential

Das über Kundenkarten gewonnene „unschätzbare Datenmaterial" (Kaapke 2001, S.180) muss genutzt werden, sonst ist es wertlos. Eigentlich sollte dies eine Selbstverständlichkeit sein – insbesondere für jene Anbieter, die viel Geld und Energie aufwenden, um Kundendaten über eine Kundenkarte elektronisch zu erfassen. Werden die Daten nicht benötigt, gibt es weitaus billigere Möglichkeiten wie etwa ein Rabattheft zum Einkleben von Rabattmarken oder direkt bei Kauf ausgestellte Gutscheine (vgl. Stoff u. Schröder 2002). Es ist aber keine Selbstverständlichkeit.

Unternehmensberater: „Daten werden nicht ausgewertet."

„In einem Großteil der Unternehmen werden die Daten lediglich gesammelt und nicht zielgruppenbezogen ausgewertet", beobachten Walter u. Schmidt (2004, S.39). Das mussten auch Wassel u. Ploss (2002, S.27) von der Unternehmensberatung *Loyalty Hamburg* erfahren: „In der Theorie von CRM und Kundenbindung erscheint alles ganz einfach und der gläserne Kunde omnipräsent. Unsere Erfahrung zeigt aber, dass selbst die einfachsten Auswertungen in der Praxis oft nicht möglich sind."

Mit dieser Erfahrung befinden sie sich in bester Gesellschaft. „Viele Einzelhändler besitzen bereits mehr oder weniger umfassende Daten(an)sammlungen, (...) nutzen diese aber nicht oder nur rudimentär", beobachten auch Gropp u. Mayer (2003, S.57) von *Dr. Mayer Consulting*. Bei *Roland Berger Strategy Consultants* sind diese Erfahrungen ebenfalls bekannt: „Die wenigsten Unternehmen verstehen es, die gesammelten Daten gewinnbringend zu nutzen. Vielmehr stehen sie vor einem riesigen ‚Datenfriedhof', dessen Ausmaß die Programme erdrücken kann" (Howaldt et al. 2003, S.28).

Zukunftsmusik

Es ist erschreckend, wie viel Aufwand zur Datenerfassung betrieben wird und wie wenig diese Daten in den Unternehmen genutzt werden. Angesichts der zahlreichen Belege kann das momentane Versagen der Kartenanbieter nicht geleugnet werden. Technisch ist mehr möglich, als momentan von den Unternehmen getan wird (vgl. Pracht 2003). Doch es besteht Hoffnung für die Zukunft. Howaldt et al. (2003, S.28) prophezeien, dass in 10 bis 15 Jahren „das Konsumverhalten auf völlig innovative, heutzutage undenkbare Art und Weise gesteuert" werden kann.

4.3 Kundenselektion – nicht alle Kunden sind bindenswert

Die „wichtigsten" Kunden müssen „identifiziert, umworben und belohnt werden" (Butscher 1998, S.106). Denn „für Unternehmen, die CRM ernst nehmen, (sind) nicht alle Kunden gleich. Finanzielle Ressourcen werden dort investiert, wo die größten Rückzahlungen zu erwarten sind" (Merkel u. Franz 2004, S.790). Diese Rückzahlungen müssen nicht sofort fließen, sie sind auch mit zeitlichem Abstand denkbar. Beispielsweise können Studenten in einigen Jahren zu den rentabelsten Kunden gehören (vgl. Bruhn 2001, S.44f).

Nicht alle Kundenbeziehungen sind rentabel

„Es macht keinen Sinn, zu versuchen, ‚Everybody's Darling' zu sein" (Butscher 1998, S.106). Dies sollte stets beachtet und in unrentable Kundenbeziehungen nicht investiert werden. „Selbst die lebenslange Nachfrage eines Kunden" (Butscher 1998, S.106) nach den Leistungen eines Anbieters kann so gering ausfallen, dass sich Investitionen in die Kundenbeziehung nicht rechnen.

Weiteres Problem: Nicht alle Kunden sind bereit, sich an ein Unternehmen zu binden. So haben Reinartz u. Kumar (2003) nachgewiesen, dass es Kundengruppen gibt, die für kurze Zeit für das Unternehmen sehr profitabel sind, sich aber nicht an das Unternehmen binden. Oftmals werden – aufgrund des anfänglich hohen Umsatzvolumens – diese Kunden lange Zeit von den Unternehmen wie besonders wertvolle Kunden umworben. Wenn immer weiter in die Beziehung zu diesen Kunden investiert wird, bringen sie langfristig dem Unternehmen sogar Verluste (vgl. Abbildung 4). Es muss daher nach Wegen gesucht werden, nicht bindungsbereite Kunden von teuren Kundenbindungsmaßnahmen auszuschließen. Reinartz u. Kumar (2003) zeigen, dass die herkömmlichen Verfahren zur Kundenbeurteilung überprüft werden müssen, da diese oftmals nur das bisherige Umsatzvolumen auswerten. Zusätzlich müssen Einkaufsintervalle und die vergangene Zeit seit dem letzten Einkauf betrachtet werden.

Abbildung 4: Die Kosten unloyaler Kunden
Quelle: Reinartz u. Kumar 2003, S.73

In den Köpfen der Entscheider weit verbreitet:
die 20:80-Pareto-Regel

In der Literatur wird die 20:80-Pareto-Regel genannt, welche besagt, dass 20% der Kunden eines Unternehmens 80% der Umsätze tätigen (Schweitzer 2003, S.27; Butscher 1998, S.72 u. S.135; Diller u. Goerdt 2000, S.172f; Haedrich et al. 1997, S.72; Ploss u. Augustinov 2001, S.18). Haedrich et al. (1997, S.72) sprechen gar von der „goldenen Regel", die „jeder Praktiker" kennt. Sie ist zurück zu führen auf den italienischen Wirtschaftswissenschaftlers Vilfredo Pareto (o.V. 2001b, S.529). Konzentrationskurven zeigen „in der Praxis sehr häufig, dass 20 Prozent der Produkte (Kunden) 80 Prozent des Absatzes (Umsatzes, Gewinns) ausmachen" (o.V. 2001b, S.529). Es ist also keineswegs so, dass diese Regel immer und überall stimmt. Sie ist im Einzelfall zu überprüfen.

Kaapke u. Dobbelstein (2001, S.57) konnten diese Regel in einer Untersuchung des Kölner Instituts für Handelsforschung nicht bestätigen. Ihr Ergebnis: „Der Anteil der besten 20% der Kunden am Gesamtumsatz schwankt bei der Betrachtung nach Betriebsformen um ca. 50% mit mehr oder weniger deutlichen Ausschlägen nach oben und unten." Den höchsten „Anteil der 20% besten Kunden am Gesamtumsatz" ermittelten sie für die „Betriebsform Verbrauchermarkt" mit 59,3% - also deutlich entfernt von den regelgerechten 80%.

Die umsatzstärksten Kunden sind nicht zwangsläufig die profitabelsten.

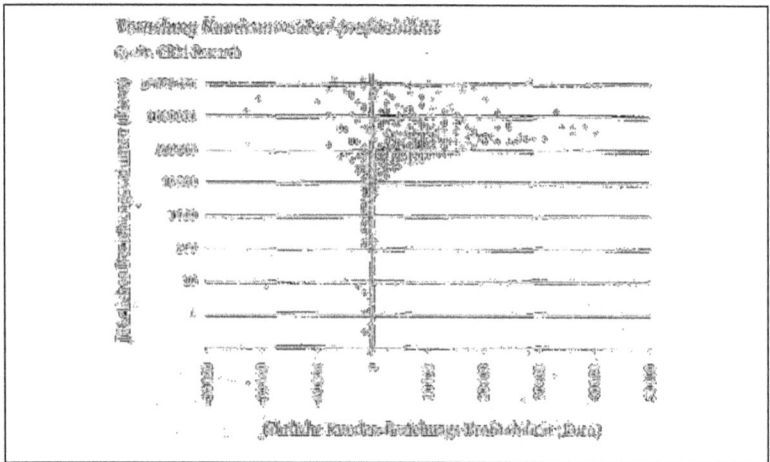

Abbildung 5: Verteilung Kundenumsätze/-profitabilität
Quelle: Rapp 2000, S.85

Problematisch ist, dass oftmals nicht zwischen Umsatz und Gewinn unterschieden wird. „Während es sein kann, dass 20 Prozent der Kunden 80 Prozent der Umsätze erzielen, ist in der Regel die Verteilung der Gewinne ganz anders", schränkt Rapp (2000, S.87) die Gültigkeit der Pareto-Regel deutlich ein. „Oftmals sind die umsatzstärksten Kunden nicht die renditestärksten Kunden", warnt Pohlmann (2003, S.147; vgl. auch Reinartz u. Kumar 2003, S.75; Oesterer

2003, S.48). Denn gerade umsatzstarke Kunden fordern mitunter drastische Rabatte (vgl. Rapp 2000, S.86). Ein umsatzstarker Kunde kann deshalb ein besonders verlustbringender Kunde sein (vgl. Abbildung 5). Aufgrund oftmals hoher Fixkosten kann meist nicht auf umsatzstarke, aber unprofitable Kunden verzichtet werden (Rapp 2000, S.90). Ein effizientes Kundenbeziehungsmanagement muss laut Rapp Möglichkeiten vorsehen, aus diesen Kunden profitable Kunden zu machen. Eine Möglichkeit wäre, kostengünstigere Kommunikationswege z.b. über das Internet zu nutzen (vgl. Rapp 2000, S.90). Kundenkartenprogramme, die verschiedene Statusstufen vorsehen, bieten auch verschiedene Betreuungsstufen an, beispielsweise kostenpflichtige und kostenlose Service-Hotlines. Unternehmen könnten für rabattierte Käufe keine Statuspunkte vergeben. So kämen die Rabatt-Käufer nicht in den Genuss des höheren Status und des damit verbundenen kostenintensiveren Services.

4.4 Kundenkarte an die richtigen Kunden

Unternehmen setzen Kundenkarten ein, um Daten über ihre Kunden zu erhalten. Mittels CRM-Software lassen sich so die ,besten' Kunden identifizieren. Den wertvollsten Kunden soll im Rahmen des Kundenkartenprogramms die beste Behandlung zuteil werden. Dabei wird es schwer möglich sein, die Kundenkarte von vorneherein nur diesen Kunden zu geben. Denn sie müssen erst noch durch das Kundenkartenprogramm identifiziert werden. Es reicht daher nicht, „nur eine kleine Kundengruppe mit einer Karte auszustatten und dann zu hoffen, dass zufällig die investitionswürdigste Kundengruppe Teilnehmer am Kartenprogramm geworden ist" (Merkel u. Franz 2004, S.795). Ein ausgefeiltes Konzept sieht deshalb Differenzierungsmöglichkeiten innerhalb des Programms vor (vgl. Kapitel 5.1.4).

4.5 Individuelle Kommunikation

„Das Kernelement einer intensiveren Beziehung zum Kunden ist ein kontinuierlicher Dialog" (Gropp u. Mayer 2003, S.57). Die Kommunikation über Massenmedien ist nicht auf den einzelnen Kunden zugeschnitten. Über Massenmedien entsteht kein Dialog mit dem Kunden. Persönliche Gespräche oder personalisierte Mailings sind daher im Rahmen des Customer Relationship Management das Mittel der Wahl. Butscher u. Burger (2002, S. 43) schlagen vor, die Kommunikation „so weit wie möglich" auf elektronische Medien zu verlagern, da diese einfacher zu personalisieren sind und vor allem weniger Kosten verursachen. Dem entgegen steht, dass gedruckte Medien eine höhere Wertschätzung erfahren, E-Mails hingegen oftmals mit nur einem Mausklick gelöscht werden.

Ein unternehmensweit einheitlicher Wissenstand über den Kunden ist unbedingte Voraussetzung für eine individualisierte Kommunikation - egal welcher Kommunikationsweg zuletzt gewählt wurde. Es darf keinen Unterschied machen, ob der Kunde sein Anliegen per Telefon, Fax oder E-Mail vorträgt. Dem Mitarbeiter, der die Kundenanfrage beantwortet, muss die gesamte Kundenhistorie bekannt sein (vgl. z.B. Sausen u. Ganswindt 2003, S.152ff). Dies erfordert ein entsprechendes Erfassen und Aufbereiten von Daten. Vorreiter auf diesem Gebiet sind die Fluggesellschaften, der deutsche Einzelhandel hinkt noch hinterher. So setzt sich Lufthansa intensiv mit den Möglichkeiten von CRM auseinander. Eines der Ziele ist ein aktives Ansprechen des Kunden zu ermöglichen. Gefragt würde z.B. Herr Meier, ob er „wie immer, gerne am Fenster sitzen möchte und ein vegetarisches Essen bevorzugt" (Sausen u. Ganswindt 2003, S.156). Dem Kunden wird auf diese Weise ein großes Interesse an seiner Person signalisiert.

4.6 Erfolgsfaktor Mitarbeiter

„Im ökonomischen Sinn effektiv und effizient arbeiten", wird ein Mitarbeiter nur, wenn er „die unternehmensinternen Prozesse nachvollziehen kann" (Janz 2003, S.11). Sausen u. Ganswindt (2003, S.164) sehen in der Integration der Mitarbeiter eine hinreichende Bedingung für den Erfolg von CRM. Für ein Kundenkartensystem heißt dies: Die Mitarbeiter müssen von „dem Nutzen" des Kartensystems „überzeugt sein" (Zimmer o.J., S.35f). Sie müssen beispielsweise verstehen, warum eine Kundenkarte bei jedem Bezahl-vorgang vorgelegt werden soll, denn nur dann sind sie auch bereit, beim Kassieren nach der Karte zu fragen.

Technisch-perfekte Lösungen sind nutzlos, wenn Mitarbeiter im Kundenkontakt unfreundlich sind (Wiencke u. Koke 1994, S.80; vgl. auch Rapp u. Decker 2003, S.213). „Sogenannte ‚weiche' interaktive Fähigkeiten" müssen daher „beim einzelnen Mitarbeiter erkannt und entwickelt werden" (Janz 2004, S.3).

Kundenkarte an Mitarbeiter verteilen

„Die eigenen Mitarbeiter müssen die Kundenkarte, ihre Funktionen und Abläufe sowie alle Argumente genau kennen" (Zimmer o.J., S.35). Denn die Mitarbeiter sind diejenigen, die für die Kundenkarte werben (vgl. Butscher 1998, S.97). Einige Programme haben vor Start allen Mitarbeitern eine eigene Kundenkarte ausgehändigt (Ca-labretti 1999, S.598; Wiencke u. Koke 1994, S.149). So konnten die Mitarbeiter das Programm als Nutzer kennen lernen.

5. Kundenkarten – Programmgestaltung

„Die Kundenkarte, die meist als Ausweismedium für Kundenbindungssysteme genutzt wird, bindet keinen an niemanden" (Wassel u. Ploss 2002, S.27). Im Folgenden soll untersucht werden, warum Kunden einem Kundenbindungsprogramm beitreten und was von den Kunden als Beitrittshürde wahrgenommen wird. Dabei wird jeweils auch die Bindungswirkung der einzelnen Programmbestandteile betrachtet.

5.1 Teilnahme-Anreize

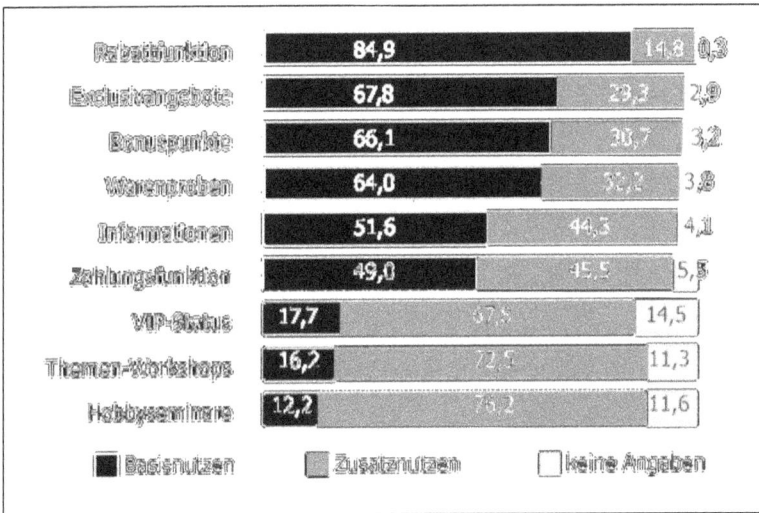

Abbildung 6: Kundenerwartungen an Kundenkarten
Quelle: Schuckel u. Knob 2002, S.119; eigene Überarbeitung

Unternehmen setzen Kundenkarten ein, um ihre Kunden zu identifizieren und Daten über sie zu sammeln und auszuwerten (siehe Kapitel 3.3). „Die Kaufdaten können nur erfasst werden, wenn sich der Kunde beim Kauf mit seiner Kundenkarte ausweist" (Walter u. Schmidt 2004, S.41). Dem Kunden müssen also Anreize geboten werden, sich für das Programm einzuschreiben und die Karte bei allen Käufen vorzulegen.

Bei den Teilnahme-Anreizen – auch Leistungen genannt – wird zwischen rationalen, monetären Vorteilen und emotionalen, nicht geldwerten Vorteilen unterschieden. Die Grenzen sind fließend. So kann ein besonderer Service einen geldwerten Vorteil für den Kunden darstellen. Er bietet aber auch emotionalen Nutzen (vgl. Lauer 2004, S.49). Geldwerte Vorteile sind oftmals der Hauptgrund für einen Programmbeitritt. Den emotionalen Vorteilen hingegen wird die größere Bindungswirkung nachgesagt. Sie sind nicht so leicht von den Mitbewerbern zu kopieren. Nur durch „eine auf Emotionen basierende" Beziehung lassen sich „Kundentreue und ein gewisser Immunisierungsgrad gegenüber Abwerbungsversuchen der Konkurrenz" erreichen (Butscher 1998, S.51).

Das Kano-Modell

Die unterschiedliche Wirkung der gewährten Leistungen lässt sich anhand des Kano-Models (Abbildung 7) erklären (vgl. Lauer 2004, S.27f u. S.46ff). Dieses unterscheidet Basisfaktoren, Leistungsfaktoren und Begeisterungsfaktoren (Lauer 2004, S.27f; Raab u. Lorbacher 2001, S.54f; Ploss u. Augustinov 2001, S.20f; Müller-Hagedorn 2001, S.38f; Herrmann et al. 2000, S.47). Im Zeitverlauf ändert sich die Einordnung der Leistungen: Aus Begeisterungs- werden Basisfaktoren.

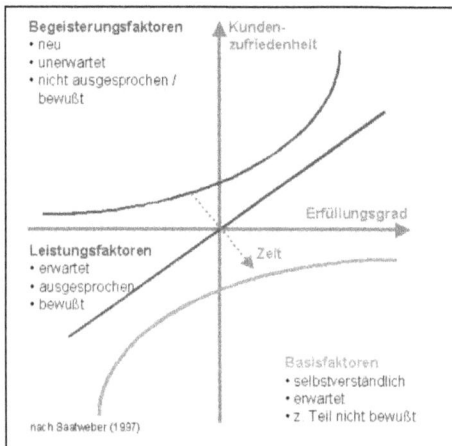

Abbildung 7: Kano-Modell
Quelle: http://www.groetsch-anft.de/kano.html
(31.05.04)

Das Vorhandensein von Basisfaktoren wird als selbstverständlich betrachtet. Durch sie allein kann keine Kundenzufriedenheit erreicht werden. Fehlende Basisfaktoren erzeugen allerdings Unzufriedenheit (Lauer 2004, S.27; Raab u. Lorbacher 2001, S.54). Ein typischer Basisfaktor ist der Rabatt. Er wird in Kundenbefragungen als wichtig eingestuft, nur kann durch ihn keine Begeisterung oder emotionale Bindung ausgelöst werden (vgl. Lauer 2004, S.46). Der Rabatt ist der harte finanzielle Vorteil, ohne den viele Kunden nicht an dem Programm teilnehmen würden.

Leistungsfaktoren können je nach Erfüllung Zufriedenheit oder Unzufriedenheit stiften (Lauer 2004, S.27; Raab u. Lorbacher 2001, S.54). Als Leistungsfaktoren nennt Lauer (2004, S.49) Service-Leistungen, die in Form von Extra-Service in ein Kundenbindungsprogramm integriert werden können. Schlechter Service führt zu Unzufriedenheit, guter zu Zufriedenheit.

Nur Begeisterung erzeugt Bindung

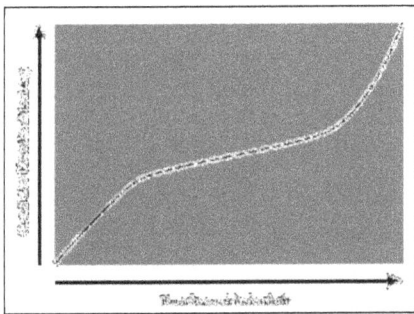

Begeisterungsfaktoren werden vom Kunden nicht erwartet, daher löst ihr Fehlen keine Unzufriedenheit aus. Ihr Vorhandensein aber löst besondere Zufriedenheit, Begeisterung, aus (Lauer 2004, S.28; Raab u. Lorbacher 2001, S.54f). Sie haben somit eine besonders hohe Bindungswirkung.

Abbildung 8: Zusammenhang Kundenzufriedenheit und Kundenbindung; Quelle: Ploss u. Augustinov 2001, S.22

Denn der Zusammenhang zwischen Kundenzufriedenheit und Kundenbindung ist nicht linear. Kundenzufriedenheit ist eine notwendige, aber keine hinreichende Voraussetzung für Kundenbindung. Um eine hohe Kundenbindung zu erreichen, bedarf es einer extrem hohen Zufriedenheit, also wahrer Begeisterung (vgl. Abbildung 8).

5.1.1 Finanzielle Vorteile: Rabatte und Bonuspunkte

Finanzielle Vorteile haben sich als Standardausstattung einer Kundenkarte herausgestellt (vgl. Kaapke 2001, S.184). Sie sind laut Kano-Modell ein Basisfaktor. So werden Rabatte als „die Gegenleistung für die Herausgabe der Adresse sowie die Informationen über das Kaufverhalten" gesehen (Merkel u. Franz 2004, S.796). Für 90% der Kunden gilt eine nicht vorhandene Rabattfunktion als „K.O.-Kriterium" für ein Kundenbindungsprogramm (Kopatz et al. 2001, S.44). Allerdings sind Rabatte alleine nicht ausreichend (vgl. Kano-Modell), denn sie erzeugen „keine emotionale Bindung" (Meyer u. Schneider 2002, S.310).

Karten, mit denen der Kunde Rabatte erzielt, werden regelmäßig beim Einkauf vorgelegt, da Nachlässe einen hohen Nutzwert für den Kunden haben (Butscher 1998, S.47). Sofortrabatte ziehen jedoch auch Schnäppchenjäger an. Der Mitnahmeeffekt ist besonders stark ausgeprägt, wenn bei erstmaligem Kauf direkt die Kundenkarte angeboten und sofort der Rabatt gewährt wird. „Ein Kunde, der ihrem Club aufgrund eines Preisnachlasses beitritt, wird der erste sein, der ihn auch wieder verlässt, wenn der Wettbewerber nebenan einen besseren Deal anbietet!", warnt daher Butscher (1998, S.153). Noch problematischer: Die Stammkunden werden den Schnäppchenjägern gleichgestellt (vgl. Zentes et al. 2002, S.85).

Staffelung der Rabatte

Eine Möglichkeit wäre, die Rabatte umsatzabhängig zu staffeln, wie dies zum Beispiel das Mode-Unternehmen *Peek & Cloppenburg (P&C)* (URL2) und das Lebensmitteleinzelhandelsunternehmen *tegut* (Zentes et al. 2002, S.63) machen. Sofort-Rabatte sind bei dieser Variante fast nicht möglich, da es sinnvoller ist, den Umsatz über eine Zeitspanne zu sammeln, um auch hohe Umsätze zu erreichen. So berechnet *tegut* die Rabatthöhe wöchentlich und *P&C* jährlich. Die unterschiedlichen Zeitintervalle sind bedingt durch die unterschiedlichen Einkaufsfrequenzen von Lebensmitteln und Mode.

Bonuspunkte

Grundsätzlich haben Bonuspunkte eine ähnliche Wirkung wie Rabatte. Die Belohnung erfolgt allerdings – im Gegensatz zu Sofort-Rabatten – mit zeitlicher Verzögerung. Bonuspunkte können entweder in geldwerte Rabatte umgerechnet werden und bar, per Überweisung oder in Form eines Gutscheins ausgezahlt werden, oder es können Sachprämien vergeben werden. Die kartenausgebenden Unternehmen verfahren unterschiedlich.

Gutscheine haben für den Anbieter den Vorteil, dass sie nur im Laden eingelöst werden können (vgl. Zentes et al. 2002, S.67). Der dortige Einkauf übersteigt meist den Gutscheinwert. Immer wieder wird argumentiert, dass Sachprämien dem Kunden einen höheren emotionalen Nutzen bieten (vgl. z.B. Lauer 2004, S.43ff; Lauer 2002, S.101). Dem entgegenzuhalten ist, dass Geld universal einsetzbar ist und der Kunde den für sich individuell höchsten Nutzen erzielen kann. Interessant ist eine Erfahrung von Zimmer (o.J., S.24): Der Eintausch gegen Bargeld fällt „fast überhaupt nicht ins Gewicht". Es ist nicht klar, auf welcher empirischen Basis diese Aussage beruht.

Zu hoffen bleibt, dass nicht jede Prophezeiung der sogenannten Experten eintritt. „Topkunden werden immer anspruchsvoller: Mit den üblichen Prämien wie Kaffeemaschinen, Radios, Zeitungsabos oder Rabatten lassen sie sich nicht mehr dauerhaft binden", meinen die Roland Berger Strategy Consultants (Howaldt et al 2003, S.28) einen Zukunftstrend ausgemacht zu haben. Nicht käufliche „Exklusivprämien" schlagen sie als Lösung vor, zum Beispiel: einen Flug zum Mond.

Einlöseschwelle

Gegenüber Sofortrabatten bieten Bonuspunkte für den Anbieter den Vorteil, dass bis zu einer Einlöseschwelle gesammelt werden muss. Es wird hier von einer entsprechend hohen Bindungswirkung ausgegangen. Denn wird die Einlöseschwelle nicht erreicht, sind die vorher gesammelten Punke wertlos. Bei der Kaufentscheidung rücken also die noch fehlenden Punkte zum Erreichen der Wunschprämie in den Mittelpunkt der Betrachtung (vgl. Sebastian 2003, S. 35). Weiterer Vorteil: durch eine Einlöseschwelle, die Schnäppchenjäger nicht oder nur schwer erreichen können, werden sie abgeschreckt. Allerdings darf diese Schwelle nicht zu hoch liegen, da sonst auch profitable Kunden von einer Teilnahme am Bonusprogramm abgehalten werden könnten (vgl. Pietersen 2001, S.84).

Verfallsfrist

Gängig sind Regelungen zum Punkteverfall (vgl. Lauer 2004, S.94 u. S.98). Meist werden die nicht eingelösten Punkte nach zwei oder drei Jahren gestrichen. Voraussetzung ist, dass die Punkte mit dem Datum des Erwerbs gespeichert wurden. Da ein solcher Punkteverfall von den Verbrauchern als „üblich" empfunden wird, bewirkt er meist keine Ablehnung des Programms (Lauer 2004, S.98). Es ist jedoch die Kombination von Einlöseschwelle und Verfallsfrist zu beachten. Eine kurze Verfallsfrist und eine hohe Einlöseschwelle können das Programm für zu viele, auch profitable Kunden unattraktiv machen.

Intransparenz der Rabatthöhe

Die tatsächliche Rabatthöhe bei Bonuspunkten ist für den Kunden vielfach nicht transparent (vgl. Schuckel u. Knob 2002, S.119). Sie wird meist deutlich überschätzt (vgl. IFAV 2002). 30% gaben im März 2002 in einer Emnid-Telefonumfrage an die Rabatthöhe nicht zu kennen, 26% stuften sie gar als unwichtig ein (TNS Emnid 2002, S.20). „Oft ist der Wert der Punkte für die Kunden auch nicht nachvollziehbar, weshalb bei den Kunden ein maximales subjektives Belohnungsempfinden ausgelöst wird" (Rapp u. Decker 2003, S.204). Kunden achten oftmals eher auf die absolute Anzahl der Rabattpunkte als auf den prozentualen Rabattsatz (Lauer 2002, S.105). „Die Geringwertigkeit der Rabattleistung bleibt somit (...) vielfach verborgen" (Lauer 2002, S.105). Aber: Es darf nicht übersehen werden, dass für 40% der von Emnid Befragten die Rabatthöhe wichtig ist (TNS Emnid 2002, S.20).

Das Volk der Sammler

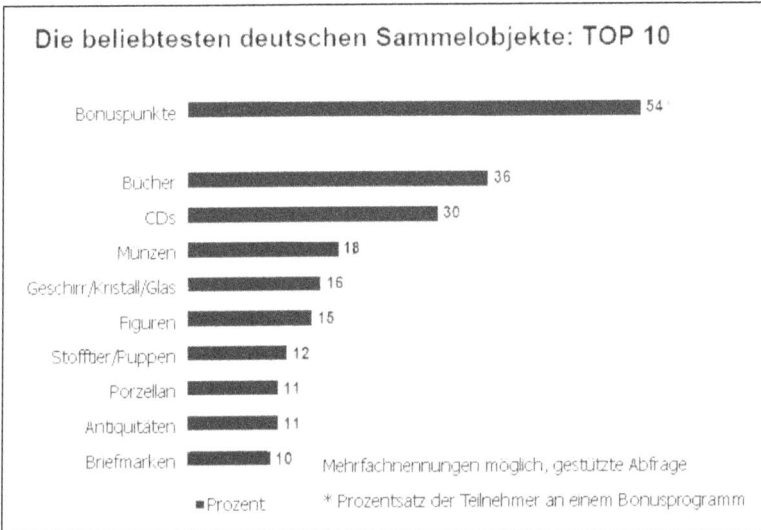

Die beliebtesten deutschen Sammelobjekte: TOP 10

Bonuspunkte — 54
Bücher — 36
CDs — 30
Münzen — 18
Geschirr/Kristall/Glas — 16
Figuren — 15
Stofftier/Puppen — 12
Porzellan — 11
Antiquitäten — 11
Briefmarken — 10

Mehrfachnennungen möglich, gestützte Abfrage

■ Prozent   * Prozentsatz der Teilnehmer an einem Bonusprogramm

Abbildung 9: Bonuspunkte - begehrtes Sammelobjekt;
Quelle: TNS Emnid (2003c), S.12; eigene Überarbeitung

Die Deutschen sind ein Volk der Sammler (vgl. Abbildung 9): Mehr
als drei Viertel geben an, in ihrer Freizeit etwas zu sammeln (TNS
Emnid 2003c, S.9). Schuckel u. Knob (2002, S.120) fragen daher, ob
das Sammeln allein schon einen Kundennutzen darstellt (vgl. auch
Raab u. Lorbacher 2002, S.100; Lauer 2002, S.101 u. S.103). So krönte
das branchenübergreifende Programm *Payback* bereits die ersten
Punkte-Millionäre. Untergrenze fürs Einlösen der *Payback*-Punkte in
Bargeld liegt bei 1500 Punkten. Die höchste Sachprämie gibt es für
89900 Punkte (URL3). Die Punkte hätten also von den Millionären
schon längst eingelöst werden können – wenn das Sammeln nicht so
schön gewesen wäre.

Multipartner-Programm: viele Akzeptanzstellen

72% der Verbraucher sagen, dass sie mit einer Karte an unterschiedlichsten Einkaufsstellen Punkte oder Meilen sammeln wollen, zitiert
Pohlmann (2003, S.161) eine Emnid-Studie. Diese Studie wurde von
Loyalty Partner, der Firma, die das branchenübergreifende Bonusprogramm *Payback* betreibt, in Auftrag gegeben (TNS Emnid 2001).
Da *Payback* kontinuierlich versucht, neue Partner zu gewinnen, ist
diese sehr hohe Zahl ein gutes Werbeargument für *Payback*.

Eine weitere Emnid-Studie, ebenfalls im Auftrag der *Payback*-Betrei-
ber, ergab eine große Zustimmung zu einer Erweiterung der Akzeptanzstellen: 92% der *Payback*-Kunden stimmten bei „gut, weil
Rabattmöglichkeiten wachsen" zu, 87% bei „gut, weil Punkte
schneller gesammelt werden können" und 83% bei „gut, weil mehr
Sonderangebote" (TNS Emnid 2003b, S.16). Die Formulierung „gut,
weil" kann durchaus als suggestiv bezeichnet werden. Zudem wurden ausschließlich *Payback*-Kartenbesitzer befragt, also Personen, die
einem solchen Programm grundsätzlich positiv gegenüber stehen.

Der Wert dieser beiden Studien ist daher anzuzweifeln. Deutlicher
äußert sich Walter Krämer, Professor für Wirtschafts- und Sozial-
statistik: „Ich rate Ihnen jede Umfrage, die von den Beteiligten selbst
in Auftrag gegeben wurde, direkt in den Papierkorb zu werfen"
(Beck 2004, S.34).

Die Vorteile für die Kunden liegen allerdings auf der Hand. Gestützt werden die Forderungen nach Multi-Partner-Programmen,
also vielen Akzeptanzstellen für eine Karte, durch den oft zitierten
„begrenzten Platz im Portemonnaie" (vgl. Kapitel 5.2.3).

Kundenbindung an *Payback*

Doch Multipartnerprogramme haben gravierende Nachteile für die
teilnehmenden Unternehmen. Mitunter ist die Bindung an das Programm stärker als an das beteiligte Unternehmen. *Payback* wirbt so-

gar inzwischen damit, zu den Top Ten Marken in Deutschland zu gehören (URL3; vgl. auch Hausmann 2002: *Payback* eine eigene Marke). Für die beteiligten Unternehmen bedeutet dies, dass sie zunehmend zum austauschbaren Bestandteil werden. Der Kunde ist vor allem loyal gegenüber *Payback* (vgl. Kopatz et al. 2001, S.55f). Das ist aber nicht Ziel der Karten ausgebenden Unternehmen.

5.1.2 Zahlungsfunktion

Oftmals bieten Kundenkarten eine integrierte Zahlungsfunktion. Da meist ein längerfristiges Zahlungsziel angeboten wird, stellt die Zahlung per Kundenkarte einen zinslosen Kredit für den Käufer dar. Unternehmen, die Kundenkarten mit Zahlungsfunktion anbieten, bieten teilweise keine Zahlung per Kreditkarte an und sparen so hohe Kreditkartengebühren.

Bargeldloses Zahlen

Dem entgegen steht allerdings, dass „Kunden in Deutschland es erwarten, mit der *ec/Mastro-Karte* ihrer Bank oder einer Kreditkarte (…) zahlen zu können" (Kopatz et al. 2001, S.26). Im Jahr 2001 gab es bereits fast 18 Millionen Kreditkartennutzer in Deutschland (Kopatz et al. 2001, S.26). Die Bereitschaft der Kunden, eine weitere Karte zu nutzen, wird gering eingeschätzt, da die Übersichtlichkeit der Ausgaben für die Kunden leiden würde (Kopatz et al. 2001, S.26).

Es ist äußerst fraglich, ob durch eine Kundenkarte mit Zahlungsfunktion auf Kreditkarten verzichtet werden kann. Möglich ist es, die Kreditkartennutzung zu reduzieren, wenn den Kunden ein zusätzlicher finanzieller Anreiz geboten wird. Doch dieser muss nicht an eine Zahlungsfunktion gekoppelt sein. Er könnte allen Kundenkartenbesitzern geboten werden, die nicht mit Kreditkarte (bzw. nicht mit der des Unternehmens) zahlen. So verfährt beispielsweise *Karstadt*.

Kooperation mit Kreditkartenanbieter – Experiment mit offenen Ausgang

Große Programme, wie *Payback* oder *Happy Digits,* gehen eine Kooperation mit einem Kreditkartenunternehmen ein. Vorteil für Anbieter und Käufer: Die Kundenkarte ist vielseitig einsetzbar. Bei jedem Einsatz sieht der Kunde das Logo des herausgebenden Händlers und wird so motiviert, dort demnächst wieder einzukaufen (vgl. Wiencke u. Koke 1994, S.50f). Aktuelle Meldungen aus der Unternehmenspraxis geben jedoch Anlass zur Vorsicht: „Die von *KarstadtQuelle* kostenlos verteilten Kreditkarten bringen kaum Geld" (Rohwetter 2004, S.19).

Rabatte ersetzen Zahlungsfunktion

Gemeinsames Ziel aller Kundenkartenanbieter ist, dass die Karte möglichst bei jedem Einkauf vorgelegt wird. Nur so können die wertvollen Daten gewonnen werden. Wer mit seiner Kundenkarte zahlt, legt sie auch vor. „Anbieter von Karten mit implizierter Zahlungsfunktion haben (...) die vielfältigsten Möglichkeiten, Daten über die Gewohnheiten ihrer Kunden zu sammeln. Als erfolgreiches Beispiel ist hier die *Douglas-Card* zu nennen", stellen Schuckel u. Knob (2002, S.114) fest. Dem ist hinzuzufügen, dass bei der Vorlage der *Douglas Card* keine umsatzabhängigen Rabatte oder Boni gewährt werden. Die Zahlungsfunktion ist der einzige rationale Anreiz, die *Douglas Card* beim Bezahlen vorzulegen.

Die Vorlage der Kundenkarte wird heutzutage meist durch die Gewährung von Rabatten erreicht. Die Notwendigkeit einer Zahlungsfunktion stammt eher aus einer Zeit, als die Möglichkeiten mit *ec-Karte (maestro)* oder Kreditkarte bargeldlos zu zahlen, noch nicht so weit verbreitet waren und das Rabattgesetz noch Gültigkeit hatte (vgl. Zimmer o.J., S.18ff) – also die Möglichkeiten der Rabattgewährung über Kundenkarten stark eingeschränkt waren.

Zahlungsfunktion gehört der Vergangenheit an.

Die Zahlungsfunktion gehört heute nicht mehr zu den wesentlichen Kundenerwartungen (vgl. Kopatz et al. 2001, S.26; Abbildung 6). Dies bestätigen die Umsatzzahlen: Anfang 2000 belief sich der Umsatz über Kundenkarten mit Zahlungsfunktion auf 0,9% des Gesamtumsatzes (Kopatz et al.2001, S.26).

5.1.3 Informationen

58% der *Payback*-Kunden betrachten die Zusendungen von *Payback* „eher" als Informationen, nur 39% sehen darin „schlicht Werbung" (TNS Emnid 2003b, S.9). Sicherlich hat dies etwas mit den Grundsätzen des Permission Marketings zu tun (vgl. Gawlik et al. 2002, S.79). Der Kunde erteilt aktiv die Erlaubnis, Informationen zugesandt zu bekommen. Daher erlebt er sie als gewollte Informationen und nicht als ungewollte Werbung. So empfinden es 76% der *Payback*-Zustellungsempfänger als „beruhigend", dass sie die Zusendungen jederzeit abbestellen können (TNS Emnid 2003b, S.13).

Individuell meint mehr als nur den Adresseindruck.

Weiterhin bietet ein Kundenkartensystem die Möglichkeit, Kunden individuell anzusprechen, da die dazu erforderlichen Daten vorhanden sind. In der Praxis scheitert dies meist noch an der mangelnden Fähigkeit der Unternehmen, die vorhandenen Daten auszuwerten (vgl. Kapitel 4.2). Oftmals besteht dann die Individualität lediglich im Eindruck der Kundenadresse in einen Serienbrief. Als positives Beispiel ist *Douglas* zu nennen. Deren Marketingleiterin Heike Aufterbeck sagte gegenüber dem Wirtschaftsmagazin *brand eins*: „Eine 20-jährige Studentin fühlt sich doch auf den Arm genommen, wenn ich ihr ein Mailing für reife Haut schicke" (Willenbrock 2003b, S.74). Ein Unternehmen, das dies beherzigt, erspart sich nicht nur die Verärgerung der Kunden mit der möglichen Konsequenz, dass die nächsten – vielleicht relevanten – Zusendungen direkt im Altpapier landen. Es spart auch Kosten.

Das Minimum an individueller Kundenkommunikation ist das Zusenden des aktuellen Standes des Bonusguthabens (vgl. Pietersen 2001, S.84). So wird das Programm regelmäßig in Erinnerung gebracht und der Nutzen des Programms für den Kunden betont. Idealerweise liegt ein Formular zum Einlösen der Punkte bei. Vorbild ist in dieser Hinsicht das Programm *Payback*.

Eine ergänzende Kommunikationsmöglichkeit bietet eine Kunden- oder Clubzeitschrift (u.a.: Gawlik et al. 2002, S.69; Wiencke u. Koke 1994, S.59ff). Dies ist ein relativ teueres Instrument, das eher selten direkt an eine Kundenkarte (z.B. *Douglas Card*) gekoppelt ist.

5.1.4 Vip-Status und besonderer Service

Oftmals sehen Loyalitätsprogramme verschiedene Statusstufen vor. Für das Unternehmen bietet sich so die Möglichkeit, Kunden entsprechend ihres Wertes für das Unternehmen unterschiedlich zu behandeln. Die Praxis zeigt einen interessanten psychologischen Effekt: Kunden eines niedrigeren Status fühlen sich nicht etwa als Kunden zweiter Klasse diskriminiert und wenden sich vom Unternehmen ab. Im Gegenteil: „Die differenzierte Behandlung regt den Kunden nicht nur an, seinen Umsatz kontinuierlich zu steigern, sondern ebenfalls die Grenzen zu einem nächsthöheren Segment zu überschreiten, weil er weiß, dass ihm dann weitere Dienstleistungen und Zusatznutzen zur Verfügung gestellt werden" (Rapp 2000, S.114).

Beispiel *Continental Airlines*: Status wichtiger als Leistungen

Noch wichtiger als die zusätzlichen Leistungen ist der entsprechende Statusgewinn und die Möglichkeit, diesen höheren Status zu demonstrieren, beispielweise durch das Zahlen mit einer ‚goldenen Karte'. Als Unterstützung dieser Behauptung wird das Vielfliegerprogramm von *Continental Airlines* angeführt. Als *Continental Airlines* 1995 eine Erhöhung der Punkteschwellen für den Erhalt eines Freiflugs sowie eine Erhöhung der Schwelle für den Erhalt eines höheren Status verkündete, regte sich großer Protest – nicht wegen der höheren Freifluggrenze, sondern wegen der höheren Statusgrenze. Letztendlich sah sich der Airline-Chef gezwungen, die Änderung der Statusgrenze zurückzunehmen (Butscher 1998, S.428f; Lauer 2004, S.50f).

Platin Card bei *Breuninger* und *Esprit*

Nun bieten sich dem Einzelhandel nicht so viele Möglichkeiten, Statusstufen einzuführen, wie den Fluggesellschaften. Doch auch im Bereich des Einzelhandels gibt es Beispiele für die Einführung eines VIP-Status: Wer bei dem Kaufhaus *Breuninger* in zwei aufeinander folgenden Kalenderjahren einen Mindestumsatz von 7500 € tätigt, erhält die *Platin Card* (URL 1b). Zu den exklusiven Vorteilen für *Platin Card*-Inhaber zählen „Angebote, die normalerweise nicht käuflich zu erwerben bzw. nur selten für die Allgemeinheit erhältlich sind" (Blum 2002, S.257), beispielsweise Treffen mit bekannten Persönlichkeiten. Dazu kommen diverse Serviceleistungen wie kostenloses Parken, kostenlose „Luxus-Geschenkverpackung", individuelle Betreuung, Express-Änderungsservice und die Möglichkeit, beliebig viele Artikel zur Auswahl nach Hause mitzunehmen.

Bei *Esprit* erhält die Platinkarte, wer innerhalb von 12 Monaten im Wert von 600 € bei den *Esprit* eigenen Verkaufsstellen einkauft. Vorteile sind unter anderem kostenlose „professionelle Einkaufsberatung nach Terminvereinbarung", kostenloser Änderungsservice und exklusive Einladungen zu *Esprit*-Events (URL 5a).

Beide Beispiele zeigen, dass Kunden mit entsprechendem Status eine exklusive Behandlung erfahren, von der andere Kunden, bis sie den entsprechenden Status erworben haben, ausgeschlossen sind. Beide genannten Firmen kommunizieren dies offen, beispielsweise auf ihren Internetseiten. So werden andere Kunden angespornt, sich den höheren Status zu ‚verdienen'.

5.1.5 Clubzugehörigkeit

Sowie sieben Deutsche zusammen kommen, gründen sie einen Verein, heißt es. In diesem Vorurteil steckt ein Stück Wahrheit. Der Durchschnittsdeutsche ist mindestens in zwei bis drei Clubs (Tennis-, Sammler- oder Fanclub) Mitglied, stellen Schweitzer (2003, S.19) und Butscher (1998, S.46) übereinstimmend fest und sehen in dieser „deutschen Clubmentalität" einen Grund für die Beliebtheit von Kundenclubs in Deutschland. Weiterer Grund ist, dass in Deutschland erst vor kurzem Zugabeverordnung und Rabattgesetz aufgehoben wurden. „Hersteller" waren zuvor gezwungen, Programme zu entwickeln, die Kunden „auch ohne monetäre Anreize" binden (Butscher 1998, S.17; vgl. auch: S.VII und S.46). Butscher sieht daher den Ursprung der Kundenclubs in Deutschland. Der Kundennutzen einer Clubzugehörigkeit ist vor allem das Gefühl, zu einer „besonderen, ausgewählten Gruppe" zu gehören, „etwas Besonders zu sein" (Wiencke u. Koke 1994, S.28). Einige Soziologen sollen daher laut Wiencke u. Koke (1994, S.28) in Kundenclubs die Möglichkeit sehen, „emotionale Defizite im Seelenleben der Verbraucher auszugleichen".

Für Marken geeignet

Typischer Initiator eines Kundenclub ist der Hersteller nicht der Händler (Wichert-Nick 2002, S.13; vgl. auch: Butscher 1998). So gibt es in Deutschland seit Jahren den Dr. Oetker Backclub (vgl. Gawlik et al. 2002, S.62f). Es ist fraglich, inwieweit sich der Clubcharakter eines Loyalitätsprogramms für den Einzelhandel nutzen lässt. Meist werden Clubs im Bereich stark emotionalisierender Marken eingesetzt, beispielsweise *Kawasaki Riders Club* (vgl. Butscher 1998; Wichert-Nick 2002, S.13; Schweitzer 2003, S.20). Programme mit Clubcharakter haben daher meist die Händler, die selbst eine Marke darstellen, wie *Douglas* und *IKEA*.

5.2 Teilnahme-Hürden

Es gibt sowohl vom Programm gewollte als auch ungewollte Teilnahmehürden. Drei der meistgenannten Hürden sollen im Folgenden betrachtet werden.

5.2.1 Gebühr

Die Gebühr ist eine gewollte Teilnahme-Hürde: „Eine höhere Bindungswirkung und Exklusivität verspricht man sich in einigen Systemen dadurch, dass die Kundenkarte nicht kostenlos, sondern gegen eine Jahresgebühr angeboten wird" (Rapp u. Decker 2003, S.205).

Beispiele sind die *Douglas Card* mit einer Jahresgebühr von 6 Euro und – wenn auch ohne Kundenkarte – das *Tchibo Privatkundenprogramm* mit einer jährlichen Gebühr von 10 Euro. Die geldwerten Vorteile, die teilnehmende Kunden in Form von Einkaufsgutscheinen und Sonderangeboten erhalten, übertreffen meist die Gebühr. Jedoch nützt ein *Douglas*-Einkaufsgutschein nur dem, der bei *Douglas* einkauft. Bindungsunwillige Kunden, die ausschließlich auf die Mitnahme von Rabatten setzen, werden von solchen Gebühren abgeschreckt (vgl. Butscher 1998, S.111; Kopatz et al. 2001, S.55). So kann das Unternehmen seine Anstrengungen auf die bindungswilligen Kunden konzentrieren. Die Gebühr darf nicht so hoch gewählt sein, dass auch bindungswillige Kunden von der Teilnahme abgeschreckt werden. Als Grundregel geben Walter u. Schmidt (2004, S.42) an: „Je höher die Gebühr, desto geringer die Zahl der Karteileichen."

Nicht zu unterschätzen sind die positiven, psychologischen Effekte einer Gebühr: „Mitgliedsbeiträge oder auch die Beitrittsgebühr verleihen Ihren Mitgliedern eine gewisse Wertigkeit, da viele Kunden etwas Kostenloses als weniger wertvoll empfinden als etwas, für das man zahlen muss" (Butscher 1998, S.261).

Ebenfalls willkommener Effekt: Die Beiträge sind eine Einkommensquelle für das Programm (Butscher 1998, S.260; Gawlik et al. 2002, S.66).

5.2.2 „Gläserner Kunde"

„Der Kunde muss eine selbstständige, eigene Aktivität entwickeln, indem er mindestens einen Teilnahmeantrag ausfüllt und unterschreibt. Diese Hürde ist keineswegs zu unterschätzen" (Walter u. Schmidt 2004, S.42). Sicherlich stellt das Ausfüllen eines Formulars einen gewissen Zeitaufwand dar. Entscheidender ist aber die damit verbundene Angst, zukünftig mit Werbung zugeschüttet zu werden und ein gläserner Kunde zu sein, dessen Einkäufe genauestens erfasst werden. Geschürt wird diese Angst von den Verbraucherschutzverbänden. Stellvertretend seien an dieser Stelle die Überschriften zweier Pressemitteilungen erwähnt: „Kundenkarten führen zu gläsernem Verbraucher" (vzbv 2002) und „Kundenkarten flächendeckende Verstöße gegen den Datenschutz" (vzbv 2003).

Der einzelne Kartenanbieter – sollte er nicht zu den Datensündern gehören – muss viel Überzeugungsarbeit leisten. „Erfolgreich ist *Douglas* aber vor allem wegen einiger Dinge, die das Unternehmen mit seinen Karten nicht anstellt – zum Beispiel werden die Kundenadressen nicht weitergegeben", beobachtet Willenbrock (2003b, S.74). Das Schweizer Einzelhandelsunternehmen *Coop* wirbt für die *Coop Supercard* mit den Worten „*Coop* respektiert Ihre Privatsphäre" (URL6) und verzichtet auf eine Erfassung kundenbezogener Warenkörbe. Es werden nur Ort und Uhrzeit des Kaufes, Einkaufsbetrag, Anzahl der Bonuspunkte und Anzahl der Artikel erfasst (Zentes et al. 2002, S.99).

67% der *Payback*-Kunden haben die Hinweise zum Datenschutz gelesen, für 46% war das Versprechen von *Payback*, Adresse und Daten nicht weiterzuverkaufen oder an außerhalb des Programms stehende Dritte weiter zu geben, „mitentscheidend" für die Programmteilnahme (TNS Emnid 2003b, S.17 u. S.14). Es handelt sich beim Datenschutz also um ein äußerst sensibles Thema, das im Interesse der Verbraucher steht. Anbieter von Kundenkarten sollten sich dessen stets bewusst sein.

5.2.3 Begrenzter Platz im Portemonnaie

„Der Kampf um den wertvollen Platz in der Geldbörse des End-verbrauchers hat begonnen", beobachten Walter u. Schmidt (2004, S.36). Laut *Roland Berger Strategy Consultants* (RBSC 2003, S.23) ist in den Geldbeuteln der Deutschen nur Platz für „maximal fünf Plas-tikkarten". Sie verweisen auf eine Emnid-Studie, nach der 82% der deutschen Verbraucher eine Krankenversicherungskarte, 74% eine EC-Karte und 29% eine Kreditkarte in ihrer Geldbörse haben. Schlussfolgerung der *Consultants*: „Konsument ist nicht bereit, mehr als drei Bonusprogramme/-karten zu nutzen" (vgl. auch Gutzmer 2001). In 25 % der deutschen Geldbörsen befindet sich übrigens be-reits eine *Payback*-Karte, in 13% eine *Karstadt Clubkarte* (heute *Happy Digits*) und in 7% eine *BahnCard* (RBSC 2003, S.23 unter Berufung auf eine Emnid-Studie).

Offen bleibt, ob Deutschlands Verbraucher nicht wissen, dass es auch größere Geldbörsen gibt, oder ob sie sich mit mehreren Mit-gliedschaften überfordert fühlen. Auch bietet sich die Interpretation an, dass Kundenkarteninhaber zu den Unternehmen so gebunden sind, dass sie keine Kundenkarte der Konkurrenz benötigen (vgl. Kapitel 3 und 6.2.1). *Roland Berger Strategy Consultants* (2003, S.27) haben nur die Unternehmen nach Hinderungsgründen für die Teil-nahme von Kunden gefragt. 24% geben an: „Kein Platz für weitere Karte." Einleuchtend ist die rhetorische Frage von O'Brien und Jo-nes (1995, S.104): „Welche Kunde möchte schon eine Brieftasche, die von solcherlei Karten überquillt?" Allerdings ist es auch nicht im Interesse der kartenausgebenden Unternehmen, dass ein Kunde gleichzeitig noch die Karte der Konkurrenz im Portemonnaie hat.

Momentan ist ein Trend zu Multi-Partnerprogrammen wie *Payback* und *Happy Digits* zu beobachten, der gerade von diesen Programm-men mit dem Platzmangel im Portemonnaie der Kunden begründet wird (vgl. RBSC 2003, S.24; Howaldt et al. 2003, S.28; Stoff u. Schröder 2002, S.38).

Ec-Karte als Kundenkarte

Für eine andere Möglichkeit hat sich das Modehaus *Wehmeyer* entschieden. Als Ausweis für das hauseigene Bonusprogramm dient die *ec-Karte* (URL9). Eine Kundenkarte wird nicht ausgestellt. Dies spart dem Unternehmen Kosten und dem Verbraucher Platz im Portemonnaie. Allerdings hat diese Variante auch Nachteile. Denn eine Kundenkarte ist für den Kunden greifbar. Auf ihr und mit ihr (etwa durch die Wahl des Kartenmaterials) wird eine Werbebotschaft kommuniziert. Gleichzeitig ist die Karte für den Kunden ein Statussymbol. Durch sie weist er sich gegenüber den Verkäufern als besonderer Kunde aus. Doch bei der *ec*-Kartenzahlung wissen die Verkäufer nicht, ob der Kunde Teilnehmer des Bonusprogramms ist.

Hürde überwindbar

Ritter (2002, S.54) zeigt u.a. anhand des Osnabrücker Modehauses *Krüger*, „dass Kunden in bestimmten Branchen durchaus bereit sind, Karten in die Hand zu nehmen, auf denen nicht der Name eines der Branchen übergreifenden Systeme aufgedruckt ist." 2800 ausgegebene Karten sechs Wochen nach der Nutzung werden hier bereits als voller Erfolg gewertet. Das ist voreilig. Aber immerhin zeigen Ritters Beispiele, dass in der Modebranche, die Kunden bereit sind, neue Karten auszuprobieren. Die gleiche Beobachtung beschreibt Pohlmann (2003, S.161) ohne eine Brancheneinschränkung: „Der Verbraucher ist zumindest bereit, Kartenprogramme wenigstens auszuprobieren." Die Hürde ist also erst einmal überwindbar. Der Stammplatz im Portemonnaie „hängt entschieden von der Konzeption hinter dem Kartenprogramm ab" (Pohlmann 2003, S.161). Auch Kopatz et al. (2001, S.12) sehen eine Möglichkeit, für eine Kundenkarte einen „Platz im Portmonee zu ergattern": Sie muss dem Nutzer „einen hohen spürbaren Mehrwert" bieten.

Zu viele ‚me-too'-Karten

Deshalb sollte nicht gefragt werden, was schon in den Portemonnaies der Verbraucher ist, sondern was noch Platz finden könnte, also was sich die Verbraucher wünschen. Oftmals wird dies beantwortet mit: bloß keine weitere Karte. Denn „die Flut an Loyalitätsprogrammen und insbesondere der damit einhergehenden Masse an Loyalitätskarten führt mittlerweile zur Verärgerung der Kunden. Eine Studie der NOP vom September 2002 besagt, dass 93% der Käufer lieber niedrigere Preise als Loyalitätskarten haben möchten" (Rapp u. Decker 2003, S.203). Dies muss nicht zwangläufig heißen, dass Kundenkarten generell abgelehnt werden. Vielmehr ist zu überlegen, ob dies nicht an den zahlreichen ‚me-too'-Karten liegt, die fast ausschließlich Rabatte bieten.

Programm-element	Varianten	Unter-varianten	Teilnahme-anreiz für Kunde	Kunden-nutzen	Zielgruppe	Bindungs-wirkung	Wechsel-hürde
Rabatt	sofort	fixer Prozentsatz	sehr hoch	rein finanziell	jeder	sehr niedrig	keine
	Pro Zeitraum (Woche, Monat, Quartal, Jahr)	fixer Prozentsatz	hoch			niedrig	
		umsatz-abhängiger Prozentsatz	hoch		Stamm-kunden	mittel	Verlust der hohen Rabattstufe
Zahlungs-funktion	Sofortabbuchung		niedrig	Ersatz für ec-Kartenzahlung	Kunden ohne ec-Karte	niedrig	keine, es sei denn Mindest-umsatz erforderlich
	längerfristiges Zahlungsziel		mittel	finanziell (Kredit)	„Kredit-käufer"		
	Kooperation mit Kredit-kartenunternehmen, z.B. Visa		mittel	finanziell, Kreditkarte	an Kreditkarte Interessierte		

Programm element	Varianten	Unter-varianten	Teilnahme-anreiz für Kunde	Kunden-nutzen	Zielgruppe	Bindungs-wirkung	Wechsel-hürde
	Barauszahlung		hoch	finanziell, Sammelspaß	jeder	niedrig	keine
	Gutschein		mittel	finanziell, Sammelspaß	jeder	Mittel	muss im Laden eingelöst werden
	Prämie		abhängig von Prämie	Prämie, Sammelspaß	jeder	abhängig von Prämie	bisherige Bemühungen zum Erreichen der Prämie
Bonus-punkte		Einlöse-schwelle	abhängig von Einlöse-schwelle		wer glaubt, die Schwelle zu erreichen	mittel	Punkte unter der Schwelle bei Wechsel wertlos
		Verfall der Bonus-punkte	abhängig von Verfalls-zeitraum	finanziell bzw. Prämie, Sammelspaß	regelmäßige Kunden	mittel	Punkte einlösen vor Verfall
		Multi-partner-programm	hoch		jeder – auch Kunden von Partnerunter nehmen	niedrig	keine

Programm-element	Varianten	Teilnahme-anreiz für Kunde	Kunden-nutzen	Zielgruppe	Bindungs-wirkung	Wechsel-hürde
	individuell, gewünscht	mittel bis hoch	benötigte Informationen	Interessierte	mittel	Verlust des Informations privilegs
Informationen	Massenmails	sehr niedrig	Informationen	Schnäppchenjäger	sehr niedrig	keine
	Kunden-/Clubzeitschrift	abhängig von Qualität der Zeitschrift	Zeitschrift	Zeitschriftenleser	mittel	Verlust der Zeitschrift
Service-Leistungen	abhängig von Status (s. VIP-Status)	hoch	Service, Informationen, emotionaler Nutzen	jeder, finanzstarke Kunden, die Wert auf Service legen	hoch	persönliche Beziehung zu Anbieter
VIP-Status	verschiedene Statusstufen	abhängig von Erreichbarkeit des Status	Exklusivität, Status, psychologischer Nutzen	Stammkunden	hoch	Verlust des Status

Programm-element	Varianten		Teilnahme-anreiz für Kunde	Kunden-nutzen	Zielgruppe	Bindungs-wirkung	Wechsel-hürde
Club	offen		mittel	Wir-Gefühl, Dazugehörig-keitsgefühl	jeder, Fans	hoch	Verlust der sozialen Bindung
	geschlossen		mittel bis hoch	Wir-Gefühl, Dazugehörig-keitsgefühl, Exklusivität	ausgewählte Kunden	sehr hoch	
Gebühr	einmalige Aufnahmegebühr		mittel	Exklusivität	Interessierte	hoch	bereits gezahlte Gebühren
	regelmäßige Gebühr				Interessierte, keine Karteileichen		

Tabelle 1: Übersicht über mögliche Programmbestandteile und ihre Wirkung

Quelle: eigene Darstellung

6. Kritische Würdigung und Ausblick

Der Aussage von Pietersen (2001, S.75): „Ein Kundenbindungsprogramm gilt in der Praxis jedoch erst dann als ‚überlebensfähig‘, wenn die Zielerreichung im Wert die Kosten des Programms dauerhaft übersteigt", ist zuzustimmen. Dem folgend gilt es, Kosten und Nutzen von Kundenbindungsprogrammen gegenüber zu stellen. Auf dieser Grundlage wird dann eine abschließende Wertung des Instruments Kundenkarte vorgenommen.

6.1 Kosten

Die Kostenkalkulationen der Kundenkarten gehören zu den „gut gehüteten Unternehmensgeheimnissen" (Kopatz et al. 2001, S.54). So äußern sich aus Wettbewerbsgründen nur die wenigsten Unternehmen zu den Kosten (vgl. Pietersen 2001, S.76; Künzel 2003, S.48). Wenn Angaben gemacht werden, sind diese oftmals äußerst vage. Tabelle 2 gibt eine Übersicht, welche Kostenpositionen je nach Ausgestaltung des Programms anfallen können.

Ein Kundenkartenprogramm, das sich durch Gebühren von Partnern, Werbeeinnahmen und Mitgliedsbeiträge finanziert, dürfte eher die Ausnahme sein. Vor allem ist es nicht typisch für Kartenprogramme des Einzelhandels, sondern eher für Kundenclubs stark emotionalisierender Marken.

Die Entwicklungskosten für einen Verbraucherclub können „sich schnell auf einige zwanzigtausende oder gar hunderttausende von Mark belaufen" (Butscher 1998, S.31). Kopatz et al. (2001, S.32) rechnen mit 25.000 bis 125.000 Euro Kosten für die Konzeption einer Kundenkarte im Einzelhandel inklusive Strategie, Prozessdefinition und Kommunikation. Ritter (2002, S.55) verweist auf eine „jüngere Emnid-Studie", nach der mit „Kosten von rund zehn Euro pro Karte zu rechnen" sei. Zimmer (o.J., S.15) benennt nur die Gestaltungs- und

Produktionskosten pro Karte: 5 DM oder mehr, „wenn man vielleicht nur für 500 Karten Verwendung hat."

Kosten	Erlöse
Entwicklung • Konzeption • Schulungsmaßnahmen der Mitarbeiter **Implementierung** • Hardware • Software **Mitgliedergewinnung** • Werbung • Veranstaltungen • Mitgliedskarte **Prämien und Rabatte** **Service-Leistungen** **Datenpflege und -auswertung** **Kommunikation** • Mailings über den aktuellen Punktestand • Informationsmaterial/Newsletter • Mitgliederzeitschrift, Webpage • Call-Center	**Umsatzplus durch** • Cross-Selling • Up-Selling • Weiterempfehlungen • „Price-Premiums" **Mitgliedsbeiträge** • einmalige Aufnahmegebühr • regelmäßige Gebühr **Gebühren von Kooperationspartnern** • Aufnahmegebühren • Transaktionsgebühren **Anzeigenverkauf** • Newsletter • Mitgliederzeitschrift • Webpage

Tabelle 2: Kosten und Erlöse für ein Kundenkartenprogramm
Quelle: eigene Überarbeitung in Anlehnung an Künzel 2003, S.47

Zu den einmaligen kommen laufende Kosten für die Programmleistungen sowie die Verwaltung des Programms. Bomsdorf et al. (2003, o.S.) nennen die Verwaltungskosten: „Nach Berechnungen von *Roland Berger* jährlich zwischen 5 und 35 Euro pro Kunde." Ähnlich schätzt Butscher (1998, S.31) die laufenden Kosten für Verbraucherclubs: „zwischen 14 Mark und 70 Mark (...) pro Jahr und Mitglied". Einheitliche Kosten können nicht benannt werden, da die Leistungen unterschiedlich sind, also z.B. die Anzahl der Mailings pro Jahr variiert. Auch die gewährten Rabatte können, da sie Mindereinnahmen verursachen, als Kosten betrachtet werden.

Die Auswertung der gewonnenen Kundendaten (vgl. Kapitel 4.2) erfordert einen „enormen Aufwand". „Bei der britischen Handels-kette *Tesco* etwa, die in Europa als führend bei der Analyse des Kundenverhaltens gilt, sind allein 110 Mitarbeiter damit beschäftigt, die Daten ihrer 14 Millionen Karteninhaber und Lieferanten auszu-werten" (Bomsdorf et al. 2003, o.S:). Doch was nützt ein Programm, dass die Kundendaten zwar erfasst, aber nicht auswerten kann? Dann könte das Geld für die Erfassung ebenfalls gespart werden.

Es bleibt festzuhalten: Kundenkarten sind teuer. Befürworter von Kundenkarten argumentieren, dass nur eine Umschichtung des vorhandenen Marketingbudgets erforderlich sei, da im Gegenzug we-niger Massenwerbung notwendig wäre (vgl. Abb.: 10). Dieses setzt vor-aus, dass ein Marketing über Kundenkarten mindestens genauso effi-zient ist.

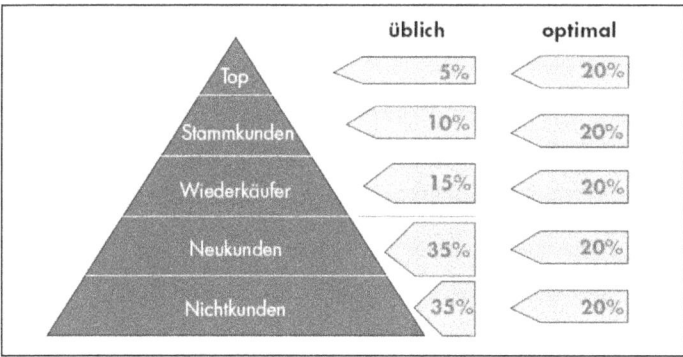

Abbildung 10: Umschichtung des vorhandenen Marketingbudgets
Quelle: Ploss u. Augustinov 2001, S. 51

6.2 Nutzen

Hauptziel von Kundenkarten ist die Kundenbindung. Diese soll zu mehr Umsatz führen und dem Anbieter einen Vorteil im Preiskampf schaffen. Eine externe Erfolgsbeurteilung ist schwierig, da Unternehmen „nur ungern Umsatz- und Erfolgskennzahlen zu ihren Karten- und Rabattsystemen" offen legen (Schuckel u. Knob 2002, S.123).

Aufgrund der äußerst dürftigen Datenlage fällt es schwer, eine Aussage über den Erfolg von Kundenkarten zu treffen. Auch Schuckel u. Knob (2002, S.123) äußern sich nur sehr vorsichtig zur Zielerreichung von Kundenkarten: Hinweise deuten „darauf hin, dass mit Rabattkartensystemen auch wirtschaftliche Erfolge erzielt werden können". Aber: Die Zielerreichung ist keineswegs sicher - insbesondere, wenn man auf ökonomischen Erfolg abzielt, also mehr Gewinn als Kosten (Schuckel u. Knob 2002, S.113).

6.2.1 Kundenbindung

Feldexperiment aus dem Jahr 1990

In einem Feldexperiment aus dem Jahr 1990 wies Mohme (1993, S.184) nach, dass „von einer bindenden Wirkung eines Kundenkartensystems ausgegangen werden kann". Mohme verglich über ein Jahr hinweg die Änderung des Verhaltens der Karten- und der Nichtkartenkunden. Als Testmarkt diente ein Lebensmittelsupermarkt in einer Kleinstadt im Raum Hannover (S.12). Insgesamt hatte der Testmarkt im Untersuchungszeitraum eine negative Ertragsentwicklung, die „in erster Linie durch die Neueröffnung zweier Lebensmitteldiscounter in unmittelbarer Nachbarschaft der Einkaufsstätte verursacht" wurde (S.142). Aufgrund seines qualitativ hochwertigen Sortiments konnte sich der Supermarkt nicht über niedrige Preise profilieren.

Untersuchungsdesign

Für das Experiment wurde eine Kundenkarte ohne Zahlungs- und ohne Rabattfunktion gewählt (S.70). Der Verbraucher sollte durch das Kartensystem selbst überzeugt werden – nicht durch finanzielle Vorteile (S.76). Zur Kartennutzung motiviert wurden die Kunden durch „Direct-Mailings und persönliche Ansprache durch die Mitarbeiter der Einkaufsstätte" (S.75). Als Ziel wurde den Kunden ein „verbessertes Eingehen" auf ihre „Wünsche" genannt (S.77f). 56 Karten wurden an Kunden ausgegeben. Nur 31 Kunden nutzten die Karte so intensiv, dass „eine sinnvolle Auswertung möglich ist" (S.78). Die 25 nicht benutzten, also wirkungslosen Kundenkarten wurden nicht mit in die Auswertung einbezogen. Zusätzlich wurde die Karte an sechs Angestellte ausgegeben. So ergab sich eine Stichprobe von 37 Kartenbesitzern.

Ergebnis

Wichtigstes Ergebnis: „Insbesondere vor dem Hintergrund der insgesamt negativen Entwicklung der Einkaufsstätte ist die Kontinuität des Einkaufsverhalten der Kartenkunden ein positives Untersuchungsergebnis" (S.84f). Sie waren also unempfindlicher als die anderen Kunden gegenüber den Abwerbungsversuchen der niedrigpreisigen Konkurrenz der umliegenden Lebensmitteldiscounter.

Kritik

Allerdings ist die ausgewertete Stichprobe mit nur 37 Kartenbesitzern – darunter sechs Mitarbeitern – extrem klein. Es ist fraglich, ob sich die erzielte Wirkung auf eine größere Gruppe ausdehnen lässt.

Zudem schränkt Mohme selbst ein: „Bei der Interpretation der Ergebnisse ist die Zuordnung der Wirkung (Kundenbindung) zu der Ursache (Kundenkartensystem) problematisch" (S.142). Da keine Daten über das Verhalten der Kartenkunden vor Installation des Systems vorliegen, kann im Rahmen des Untersuchungsdesigns von

Mohme nicht ausgeschlossen werden, dass nur Stammkunden eine Karte nahmen (vgl. S.142).

2004: veränderte Situation zu 1990

Fraglich ist, ob sich die Ergebnisse der Untersuchung auf die heutige Situation übertragen lassen. Kundenkarten, insbesondere solche ohne Zahlungsfunktion, waren damals kaum verbreitet. Eine Kundenkarte konnte daher als besonderes Bemühen des ausgebenden Unternehmens zur Verbesserung des Services kommuniziert werden. Heute ist eine Kundenkarte schon fast eine Selbstverständlichkeit. Es kann nicht mehr die Innovationsbegeisterung der Kunden genutzt werden. Eine Kundenkarte stellt kaum noch ein Differenzierungsmerkmal gegenüber der Konkurrenz dar. Denn die Zahl der Kundenkarten ist in den letzten Jahren stark gestiegen. Schuckel u. Knob (2002, S.126) fragen daher, ob sich die „Bindungswirkungen der Karten nicht bald" gegenseitig aufheben, „wenn in einem Markt alle wichtigen Wettbewerber eine starke Kundenkarte haben". Eine plausible Antwort geben Meyer u. Schneider (2002, S.311). Sie verweisen auf eine nicht näher genannte Studie, nach der die Bindung der Kunden mit zunehmender Anzahl von Loyalitätsprogrammen abnimmt.

„Zu Anfang erzeugen Loyalitätsprogramme (...) eine kommunikative Aufmerksamkeit beim existierenden und potentiellen Kunden. Je mehr aber Unternehmen diese oder ähnliche Programme einführen, desto schneller schmilzt die Differenzierung zwischen den Programmen der Wettbewerber mit der Folge, dass der Nutzen vom Kunden nur noch bedingt empfunden wird" (Rapp 2000, S.142). Es ist also anzunehmen, dass das Feldexperiment von Mohme heute nicht mehr das gleiche Ergebnis liefern würde.

Neuere Untersuchungen

Eine zeitnahe Untersuchung (Dezember 2001) des Instituts für angewandte Verbraucherforschung (IFAV 2002) gibt weitaus weniger

Anlass zur Euphorie. IFAV (2002, S.13) bat Kunden, den Grad ihrer Zustimmung zu folgender Aussage zu nennen: „Ich kaufe am liebsten in Geschäften, von denen ich eine Kundenkarte besitze." Nur 13,2% der Befragten gaben „trifft eher zu" beziehungsweise „trifft voll und ganz zu" an. 70,2% der Befragten entschieden sich hingegen für „trifft eher nicht zu" oder „trifft überhaupt nicht zu". Bei der Entscheidung für eine Einkaufsstätte lässt sich anscheinend nur eine Minderheit von einer Kundenkarte beeinflussen. „Ich kaufe dort, wo es für mich am günstigsten ist. Dabei spielen Kundenkarten keine Rolle." Dies trifft bei 62,5% der Befragten „voll und ganz" zu. Sie sehen sich nicht an das kartenausgebende Unternehmen gebunden. In der IFAV-Studie wird nur die eigene Verhaltenseinschätzung der Kunden erfasst, nicht tatsächlich beobachtetes Verhalten. Das Ergebnis kann verfälscht sein, da die Befragten sich einer Beeinflussung durch Kundenkarten entweder nicht bewusst sind oder diese nicht zugeben wollen.

Das Ergebnis der IFAV-Studie bestätigen Schuckel u. Knob (2002, S.124): „77% der Befragten gaben an, aufgrund der Kundenkarte ihr Einkaufsverhalten nicht verändert zu haben." Sie gehen nur von einigen Befragten aus, bei denen sich eine „Verhaltensänderung unbewusst eingestellt" haben könnte. Fasst man beide Untersuchungen zusammen, so ist die Anzahl der Kunden, die sich durch Kundenkarten binden lassen, sehr gering.

Keine Ursachenforschung

Es stellt sich die Frage, woran die geringe Bindungswirkung der Kundenkarten liegt. Wollen die meisten Kunden sich per se nicht binden oder sind die derzeitigen Kundenkartsysteme mangelhaft? Eindeutige empirische Ergebnisse sind noch rar. Künzel (2003, S.56) vergleicht mehrere Untersuchungen aus den 90er Jahren: „Die Ergebnisse zum Einfluss auf die Kundenbindung durch ein Bonusprogramm sind teilweise widersprüchlich."

Oftmals wird auch eine große Zahl ausgegebener Karten mit einem großen Erfolg gleichgesetzt (vgl. Künzel 2003, S.41f). Nur werden dabei reine Mitnahmeeffekte der Teilnehmer ohne Bindungsinteresse nicht berücksichtigt.

Keine Erfolgsmessung durch Unternehmen

Nicht nachvollziehbar ist das Fehlen einer systematischen Auswertung in der betrieblichen Praxis: Eine Vielzahl von Unternehmen, die Bonusprogramme einsetzen, ist nicht imstande, auf die Frage, ob sich so die Kundenbindung stärken lässt, „eine auch nur halbwegs zufriedenstellende Antwort zu geben, denn eine Formulierung und Messung der Kundenbindung wird in keiner Weise vorgenommen" (Künzel 2003, S.41).

6.2.2 Umsatzwachstum

Erfolgsmeldungen bezüglich eines geradezu gigantischen Umsatzwachstums gibt es immer wieder zu lesen. „Die Praxis hat bewiesen, dass Kundenclubs sehr effektiv sein können. Umsatzraten zwischen sechs und achtzig Prozent konnten bereits gemessen werden", schwärmt Butscher (1998, S.42).

Fragwürdige Erfolgsmeldungen

Ritter (2002, S.55) spricht von „Resultaten, die sich sehen lassen können" und erklärt: „Bei gut eingeführten Karten laufen bis zu siebzig Prozent der Umsätze über die Kartenkunden und diese lassen durchschnittlich mehr Geld in ‚ihrem' Geschäft als Kunden ohne Karte." Gawlik et al. (2002, S.61) bestätigen dies für die Kundenclubs: „Der durchschnittliche Einkaufsbetrag fällt bei Clubmitgliedern gegenüber Nicht-Mitgliedern um 15% höher aus." Fragt sich nur, ob dies nicht auf den Selbstselektionseffekt zurückzuführen ist (vgl. Künzel 2003, S.44f) und diese Kunden bereits vor der Karteneinführung die umsatzstärksten waren. Diese Frage wird von Ritter (2002) und Gawlik et al. (2002) nicht gestellt.

Mitnahmeeffekte überwiegen

Position dazu bezieht Wolfgang Twardawa, Marketingchef der *Gesellschaft für Konsumforschung (GfK)*: „Die einzigen, die Kundenkarten regelmäßig nutzen, sind die Stammkunden eines Unternehmens. Die sagen sich: Da kaufe ich sowieso ein, das nehme ich mit" (Willenbrock 2003b, S.75). Sind die Erfolge der Kundenkarten also nur das Ergebnis fehlerhafter Erhebung? Da nur Kartenkunden mit Nichtkartenkunden verglichen werden und nicht die gleiche Kundengruppe vor und nach Erhalt der Kundenkarte, lässt sich so ein kausaler Zusammenhang jedenfalls nicht belegen.

Nur geringe Wirkung

Laut Meyer u. Schneider (2002, S.310) führen Rabattprogramme „in der Regel nur bei einem Viertel der Kunden zu signifikant höheren Umsätzen." Eine Aussage, wie dieser Wert gewonnen wurde, unterlassen sie ebenso wie eine Ursachenanalyse.

Weitaus niedriger - und von daher vielleicht realistischer - sind die Zahlen von *Payback*: „Die Rentabilität des Bonusprogramms für die teilnehmenden Partnerunternehmen wird zur Zeit auf fünf bis acht Prozent Mehrumsatz pro Käufer geschätzt" (Hausmann 2000). Hausmann verschweigt, wie dieser Wert ermittelt wurde.

Keine eindeutigen Aussagen

Es bleibt nur der Schluss, dass es keine eindeutigen Belege für Mehrumsätze durch Kundenkarten gibt. *GFK*-Mann Twardawa unterstützt diese These: „Signifikante Mehrumsätze oder Neuzugänge von Kunden lassen sich einfach nicht belegen" (Willenbrock 2003b, S.75). Trotz mangelnder Belege für Umsatzzuwächse können diese jedoch auch nicht verneint werden. Denn auch hierfür fehlen die Belege.

Fehlerhafte Programme

Der Mangel an überzeugenden Nachweisen für den Erfolg von Kundenkartenprogrammen kann auch an den jetzigen Kundenkartenprogrammen liegen. „Es hat den Anschein, dass viele Unternehmen Bonusprogramme einsetzen, weil die Mitbewerber diese einsetzen", kritisiert Künzel (2003, S.31). Hart fällt das Urteil von Butscher (1998, S.275) aus: „Die meisten auf dem Markt befindlichen Programme sind mit mangelhafter Planung, ohne die Identifikation nutzenstiftender Leistungen, mit fehlender Integration des Programms in die Unternehmensstruktur oder ohne das Nutzen der gewonnenen Daten eingeführt worden." Aufgrund fehlerhafter Programme kann nicht das Instrument Kundenkarte komplett abgelehnt werden.

6.3 Zusammenfassende Würdigung des Instrumentes Kundenkarte

Ausgangspunkt der Betrachtung war die Überlegung, durch Kundenkarten die Kundenbindung zu steigern und so einen Vorteil im Preiskampf zu erlangen, bzw. einen Ausweg aus den Preiskämpfen zu finden.

Hierzu wurden zunächst die Versprechungen der Befürworter der Kundenbindung kritisch hinterfragt. Es zeigte sich, dass die Effekte nicht so sicher und vor allem auch weitaus geringer sind als allgemein gepriesen. Die gesamte Kundenbindungsthese steht somit auf wackeligem Fundament.

Das Instrument Kundenkarte wurde im Rahmen des Customer Relationship Management betrachtet. Die Identifikation der Kunden durch die Kundenkarte ist Voraussetzung für eine Auswertung der Daten, eine anschließende Selektion der Kunden und eine individuelle Ansprache der ‚wichtigsten' Kunden. Insbesondere bei der Datenauswertung zeigten sich gravierende Mängel der derzeitigen Kartensysteme.

Die differenzierte Behandlung verschiedener Kundengruppen erfordert eine Differenzierung innerhalb des Kundenkartenprogramms. Hierfür eignen sich verschiedene Statusstufen, die allerdings nur wenige Programme vorsehen. Eine weitere Möglichkeit ist, bindungsunwillige Kunden durch hohe Einlöseschwellen oder Gebühren von einer Teilnahme abzuhalten. Auch davon wird nur wenig Gebrauch gemacht.

Es wurde die komplette Bandbreite möglicher Programmbestandteile vorgestellt und analysiert (vgl. Tabelle 1). Dabei zeigte sich, dass die meisten Programme fast ausschließlich auf Rabatte setzen. Von diesen geht jedoch die geringste Bindungswirkung aus.

Abschließend wurde aufgezeigt, dass Kundenkarten mit hohen Kosten verbunden sind, es aber keine überzeugenden Belege für deren Erfolg gibt. Dies kann jedoch an den mangelhaft gestalteten Kundenkartenprogrammen liegen.

6.4 Kundenkarte im Preiskampf

Kann nun eine Kundenkarte einen Ausweg aus den Preiskämpfen des Einzelhandels darstellen? Gerade Unternehmen, die im Preiskampf stehen, verfügen nur über knappe Budgets. Sie sind unter Zugzwang und müssen kurzfristig Erfolg erzielen. Eine Kundenkarte setzt aber sorgfältige Planung voraus. Oftmals setzen daher gerade Unternehmen im Preiskampf nur auf Rabattprogramme, anstatt die komplette Bandbreite des Instruments Kundenkarte zu nutzen.

Rabattkampf statt Preiskampf

Doch simple Rabattprogramme sind von der Konkurrenz leicht zu kopieren. Sie stellen keinen wesentlichen Unterschied zu den Preiskämpfen dar. Statt einem Preiskampf ist es eben ein Rabattkampf. Eine Kundenkarte mit 2% Rabatt ist leicht überboten von einer Karte mit 3% Rabatt. „Je mehr dieser Systeme auf dem Markt sind, desto geringer ist der zu realisierende Wettbewerbsvorteil jedes einzelnen Systems und desto höher ist die Gefahr des alleinigen Nachlasswettbewerbs", warnen daher Sebastian u. Meyer (2001).

Kundenkarte – Hindernis im Preiskampf

Für Schuckel u. Knob (2002, S.126) ist die Frage offen, ob eine Rabattpolitik nicht „zwangsläufig" dazu führt, „dass die Preise schon unter Einbezug der Rabatte kalkuliert werden müssen, so dass Wettbewerber ohne Rabattsystem günstiger anbieten können?" *Aldi* bietet keine Kundenkarte an. *Aldi* hat günstige Preise und treue Kunden. *Aldi* profiliert sich über seine günstigen Preise. Insofern ist diese Frage berechtigt. Keine Kundenkarte, aber knallhart kalkulierte Preise – so könnte eine entsprechende Werbebotschaft kommuniziert werden.

Wer sich also allein über den Preis profilieren will, dem sei in aller Deutlichkeit von einer Kundenkarte abgeraten. Statt zwei Prozent Rabatt über die Kundenkarte zu bieten, ist es sinnvoller, direkt die Preise um zwei Prozent zu senken. So können die Kosten für das Kundenkartenprogramm gespart werden. Diese These wird gestützt durch eine Bebachtung im Ausland: „Discounter und sehr preisaggressive Unternehmen schafften ihre Kundenkartensysteme wieder ab" (Ploss 2002, o.S.).

Ein gravierender Nachteil des Instruments Kundenkarte ist zudem, dass es seine Bindungswirkung, wenn überhaupt, nur langfristig entfaltet. Wird kurzfristig angesichts eines momentanen Preiskampfes eine Lösung gesucht, sind Kundenkarten ungeeignet.

Herrscht auf einem Markt jedoch Einigkeit unter den Anbietern, nur geringfügige Rabatte über Kundenkarten anzubieten, dann kann übertriebenen Preisforderungen der Kunden vorgebeugt werden, da Preisverhandlungen ein Riegel vorgeschoben wird. Ein solches Übereinkommen, keinen Preiskampf zu beginnen, ist im deutschen Einzelhandel allerdings nicht gegeben.

6.5 Ausblick

Momentan werden viele Hoffnungen, die in die bestehenden Kundenkartensysteme gesetzt werden, nicht erfüllt. Den Unternehmen, die über Preisführerschaft im Wettbewerb bestehen wollen, kann eine Kundenkarte nicht helfen.

Kundenkarten – sinnvoll für service-orientierte, zahlungskräftige Kunden

Interessant sind Kundenkarten für die Unternehmen, die nicht im Preiskampf mitmischen möchten und sich stattdessen über erstklassigen Service und hohe Qualität profilieren wollen. So beobachtet Ploss (2002, o.S.): „Service- und leistungsorientierte Unternehmen wie *Douglas* (...) setzen ihre Kundenkartenprogramme mit großem Erfolg ein."

Für solche Unternehmen und nur für solche gilt: „Der Preis ist nichts – der Wert ist alles" (Ploss 2001, S.45). Qualität, Service, Freundlichkeit, Fairness, Ehrlichkeit und Informationspolitik des Anbieters sowie die Bequemlichkeit des Kunden beeinflussen die Einkaufsentscheidung ebenfalls (vgl. Ploss 2001, S.45). Nicht alle Kunden legen nur Wert auf den Preis.

Kundenkenntnis nötig, um ‚convenience' zu bieten

Es gibt Kunden, die sind bereit, für das zu bezahlen, was das englische Wort ‚convenience' (Annehmlichkeit, Bequemlichkeit, Komfort) am besten ausdrückt. Dies sind die Kunden, die über Kundenkarten besser kennen gelernt werden sollten. Denn dieses Wissen ist notwendig, um den Kunden genau das zu bieten, was sie brauchen und so für die nötige ‚convenience' zu sorgen (vgl. Pracht 2002). Wer eine sinnvolle Datenauswertung nicht durchführen will oder sie sich nicht leisten kann, braucht keine Kundenkarte zur Datenerfassung.

Die bloße Existenz einer Kundenkarte bewirkt nichts (vgl. Ploss 2001, S.71) – auch nicht bei service- und leistungsorientierten Unternehmen. Die Kundenkarte ist nur ein Bestandteil im Kundenbindungsmanagement. Eine Plastikkarte ist notwendig zur Kundenidentifikation, aber sie bindet nicht. Die Bindung muss von den jeweiligen Programmbestandteilen ausgehen. Die Voraussetzung ist jedoch, dass das Unternehmen „ohnehin wettbewerbsfähig" ist (Butscher 1998, S.92 u. S.119).

Ausgefeiltes Programm notwendig

Wer sich von der Konkurrenz abheben will, der kann nicht schlicht die vorhandenen Kundenkartensysteme kopieren. So rät Butscher (1998, S.VIII), „to avoid more ‚me-too' and add more ‚just me'". Das Unternehmen muss ein eigenes, besseres Programm entwickeln und sorgfältig konzipieren, um sich einen Wettbewerbsvorteil zu erarbeiten. „Können Sie die nötige Zeit und Mühe für die detaillierte Planung eines nutzenorientierten Kundenbindungsprogramms nicht aufbringen, so sollten Sie besser von einem solchen Programm absehen" (Butscher 1998, S.88). Reine Rabattprogramme überzeugen nicht.

Wer sich über Service, Beratungskompetenz und Zusatzleistungen profilieren will, muss erkennbar mehr bieten als nur Rabatte. Dies müssen Begeisterungsfaktoren sein, die den Kunden überraschen und äußerst zufrieden stellen. Denn nur eine sehr hohe Zufriedenheit erzeugt auch freiwillige Bindung. Es müssen Programmbestandteile gewählt werden, die dem Kunden einen hohen emotionalen Nutzen bieten und eine hohe Bindungswirkung entfalten (vgl. Tabelle 1). „Es gäbe auf einmal ein Programm auf dem Markt, das echten Nutzen und Leistungen anbietet, von denen die Mitglieder tatsächlich profitieren können. Das einem solchen Programm innewohnende Erfolgspotential wäre enorm", ist Butscher (1998, S.275) überzeugt.

Kundenkarten – kein Ausweg, aber eine Alternative zu den Preiskämpfen

Kundenkarten sind somit kein Ausweg aus den Preiskämpfen des Einzelhandels, aber sie sind mit einem sorgfältig durchdachtem Konzept und exklusiven Leistungen eine erfolgversprechender Weg für die Anbieter, die sich nicht über den Preis, sondern über Qualität und Service, eben convenience, profilieren möchten.

Literatur- und Quellenverzeichnis

Beck, Hanno (2004): „Präzision ist eine Illusion". Statistiker Walter Krämer über exakte Zahlen und erfundene Armut (Interview). In: Frankfurter Allgemeine Sonntagszeitung vom 4. Juli 2004. Wirtschaft. S.34.

Bergmann, Katja (1998): Angewandtes Kundenbindungsmanagement. Frankfurt/Main u.a.: Peter Lang.

Bertram, Hans u. **Schneider**, Ralf (2002): Einsatz von Data Warehouse-Technologie für CRM. In: Ahlert, Dieter u. Becker, Jörg u. Knackstedt, Ralf u. Wunderlich, Maren (Hg.): Customer Relationship Management im Handel. Strategien – Konzepte – Erfahrungen. S.321-341. Berlin u.a.: Springer.

Blum, Georg (2002): CRM im Bekleidungseinzelhandel am Beispiel Breuninger. In: Ahlert, Dieter u. Becker, Jörg u. Knackstedt, Ralf u. Wunderlich, Maren (Hg.): Customer Relationship Management im Handel. Strategien – Konzepte – Erfahrungen. S.251-262. Berlin u.a.: Springer.

Bomsdorf, Clemens u. **Kerbusk**, Klaus-Peter u. **Scheele**, Martin (2003): Handel: Erst Gas geben, dann bremsen. In: Der Spiegel 49/2003. S.96-100. (Internetauszug ohne Seitennummerierung).

Bruhn, Manfred (2001): Relationship Marketing: Das Management von Kundenbeziehungen. München: Vahlen.

Butscher, Stephan u. **Burger**, Verena (2002): Kundenbindungsprogramme auf dem Prüfstand. In: Direkt Marketing 2/2002. S.40-44.

Butscher, Stephan (1998): Handbuch Kundenbindungsprogramme und Kundenclubs. Ettlingen: IM Fachverlag.

Calabretti, Toni (1999): Kundenbindung im Handel: Das Beispiel Douglas. In: Bruhn, Manfred u. Homburg, Christian (Hg.): Handbuch Kundenbindungsmanagement. Grundlagen – Konzepte – Erfahrungen. 2. Auflage. S.589-605. Wiesbaden: Gabler.

Campillo-Lundbeck, Santiago (2003): Marketing: Raus aus der Rabattfalle. In: acquisa 4/2003. S.18.

Campillo-Lundbeck, Santiago (2004): Renditeoptimierung: Renditekiller Pricing. In: acquisa 2/2004. S.16.

Diller, Hermann u. **Goerdt,** Thomas (2000): Einflussfaktoren der Kundenbindung im Lebensmitteleinzelhandel – Ergebnisse von Panelanalysen für Güter des täglichen Bedarfs. In: Trommsdorff, Volker (Hg.): Handelsforschung 1999/00. Verhalten im Handel und gegenüber dem Handel. S.163-194. Wiesbaden: Gabler.

Diller, Hermann (1997): Preismanagement im Zeichen des Beziehungsmarketing. Nürnberg: Universität Erlangen-Nürnberg.

Diller, Hermann (1996): Kundenbindung als Marketingziel. In: Marketing ZFP 2/1996. S.81-94.

Douglas Holding AG (Hg.) (2004): Geschäftsbericht. Rumpfgeschäftsjahr 1. Januar – 30. September 2003.

Dowling, Grahame R. u. **Uncles,** Mark (1997): Do Customer Loyalty Programs Really Work? In: Sloan Management Review/Summer 1997. S.71-82.

Einzelhandelsverband Westfalen-Mitte e.V. (EHV) (2004a): EHV-Chef Klems: „Rabatte begrenzen heißt Vertrauen zurückgewinnen". Pressemitteilung vom 15. März 2004; URL: www.ehv-westfalen-mitte.de/presse.shtml (01.05.04).

Einzelhandelsverband Westfalen-Mitte e. V. (EHV) (2004b): Jahrespressekonferenz 2004: Kein Ende der Talfahrt. Pressemitteilung vom 28. April 2004; URL: www.ehv-westfalen-mitte.de/presse.shtml (01.05.04).

Finkelman, Daniel P. u. **Goland,** Anthony R. (1990): How not to satisfy your customer. In: The McKinsey Quarterly. Winter 1990. S.2-12.

Gawlik, Tom u. **Kellner,** Joachim u. **Seifert,** Dirk (2002): Effiziente Kundenbindung mit CRM. Wie Procter & Gamble, Henkel und Kraft mit ihren Marken Kundenbeziehungen gestalten. Bonn: Galileo Press.

grötsch & anft GbR (2002): Das Kano-Modell der Begeisterungsmerkmale; URL: http://www.groetsch-anft.de/kano.html (31.05.04).

Gropp, Carsten u. **Mayer**, Rainer (2003): Dialogmarketing im Einzelhandel. Durch Fokussierung zu einer höheren Effizienz der Werbung. In: Direkt Marketing 5/2003. S.56-59.

Gutenberg, Erich (1984): Grundlagen der Betriebswirtschaftslehre. Zweiter Band. Der Absatz. Kapitel III.B. Die Preispolitik bei atomistischer Konkurrenz auf unvollkommenen Märkten. S.238-272. Berlin u.a.: Springer.

Gutzmer, Alexander (2001): Kampf der Karten. 29. Juli 2001; URL: http://www.welt.de/daten/2001/ 07/29/0729wi270934.htx (11.05.04).

Haedrich, Günther u. **Hoffmann-Linhard**, Adolfo u. **Olavarria**, Marco (1997): Zielgruppenorientierte Kundenbindungsstrategien im Lebensmitteleinzelhandel – Ergebnisse einer empirischen Untersuchung. In: Trommsdorff, Volker (Hg.) Handelsforschung 1997/98. Kundenorientierung im Handel. S.71-91. Wiesbaden: Gabler.

Hausmann, Martin (2002): Payback: Senkrechtstarter in Sachen Kundenbindung. In: acquisa 5/2002. S.30-32.

Hausmann, Martin (2000): Kundenkarten: Gute Karten für Händler. In: acquisa 11/2000. S.36-38.

Heeg, Thiemo (2004): Do it yourself, Heimwerker! In: Frankfurter Allgemeine Sonntagszeitung   vom 4. April 2004. Wirtschaft. S.29.

Herrmann, Andreas u. **Huber**, Frank u. **Braunstein**, Christine (2000): Kundenzufriedenheit garantiert nicht immer mehr Gewinn. In: Harvard Businessmanager 1/2000. S.45-55.

Holz, Stefan (1998): Der Kundenclub. Ettlingen: IM Fachverlag.

Homburg, Christian u. **Sieben**, Frank G. (2003): Customer Relationship Management (CRM) – Strategische Ausrichtung statt IT-getriebenen Aktivismus. In: Bruhn, Manfred u. Homburg, Christian (Hg.): Handbuch Kundenbindungsmanagement – Strategien und Instrumente für ein erfolgreiches CRM. 4. Auflage. S.423 – 450. Wiesbaden: Gabler.

Howaldt, Kai u. Utsch, Patrick u. Panella, Allessandro (2003): Quo vadis Kundenbindung? Vier Megatrends für Kundenbindungsprogramme. In: Direkt Marketing 12/2003. S.26-28.

Institut für angewandte Verbraucherforschung e.V. (IFAV) (2002): Preisnachlässe und Kundenbindung nach dem Wegfall des Rabattgesetzes. URL: http://www.vzbv.de/mediapics/1020687606 IFAV_Rabatt_Kundenbindung_02-04-23.pdf (02.05.04).

Janzen, Uta (2001): Rabattgesetz: Spannende Rabattideen in der Schublade. In: acquisa 6/2001. S.42-44.

Janz, Rainer (2004): Die sozial-innovative Unternehmenskultur. Sozialkompetenz als Voraussetzung effizienter Teamentwicklung. Gelsenkirchen: Fachhochschule Gelsenkirchen.

Janz, Rainer (2003): Die sozial-innovative Unternehmenskultur. In: ibi magazin 7-8/2003. S.11.

Kaapke, Andreas u. Ritzka-Roelofs, Nina (2003): Zur ökonomischen Sinnhaftigkeit von Sonderveranstaltungen bzw. Verkaufsaktionen im Handel? In: Rabe, Christina u. Lieb, Johannes (Hg.): Zukunftsperspektiven des Marketing – Paradigmenwechsel und Neuakzentuierungen. Festschrift anlässlich der Emeritierung von Prof. Dr. Dr. h. c. Hans Hörschgen. S.297-321. Berlin: Duncker & Humboldt.

Kaapke, Andreas (2001): Kundenkarten als Instrument der Kundenbindung. In: Müller-Hagedorn, Lothar (Hg.): Kundenbindung im Handel. 2. Auflage. S.177-191. Frankfurt am Main: Deutscher Fachverlag.

Kaapke, Andreas u. Dobbelstein, Thomas (2001): Kundenbindung im Handel – Empirische Ergebnisse. In: Müller-Hagedorn, Lothar (Hg.): Kundenbindung im Handel. 2. Auflage. S.47-66. Frankfurt am Main: Deutscher Fachverlag

Kenning, Peter (2002): Aufbau langfristiger Kundenbeziehungen. In: Ahlert, Dieter u. Becker, Jörg u. Knackstedt, Ralf u. Wunderlich, Maren (Hg.): Customer Relationship Management im Handel. Strategien – Konzepte – Erfahrungen. S.85-102. Berlin u.a.: Springer.

Kopatz, Achim u. **Neumayer**, Eva u. **Ploss**, Dirk u. **Sobisch**, Sylvie u. **Gloger**, Rainer u. **Körner**, Veith u. **Kücherer**, Kirsten u. **Otto**, Dirk (2001): Was machen die Erfolgreichsten? Kundenkarten international – best practices. Lightversion. Hamburg: Loyalty Management + Communications GmbH.

Krämer, Andreas u. **Bongaerts**, Robert u. **Weber**, Armin (2003): Rabattsysteme und Bonusprogramme. In: Diller, Hermann u. Herrmann, Andreas (Hg.): Handbuch Preispolitik. Strategien – Planung – Organisation – Umsetzung. S.551-574. Wiesbaden: Gabler.

Kühnert, Elise (2001): Kunden belohnen durch Loyalitätsprogramme. In: Kreuz, Peter u. Förster, Anja u. Schlegelmilch, Bodo B. (Hg.): Customer Relationship Management im Internet. Grundlagen und Werkzeuge für Manager. S.87-93. Norderstedt: Books on Demand.

Künzel, Sven (2003): Das Bonusprogramm als Instrument zur Kundenbindung. Eine kritische Analyse zentraler Determinanten. Zweite Auflage. Berlin: Logos.

Lauer, Thomas (2004): Bonusprogramme. Rabattsysteme für Kunden erfolgreich gestalten. Berlin u.a.: Springer.

Lauer, Thomas (2002): Bonusprogramme richtig gestalten. In: Harvard Businessmanager 3/2002. S.98-106.

Löwenthal, Thomas u. **Mertiens**, Markus (2000): Erfolgreiches Kundenbeziehungsmanagement und seine Elemente. In: Hofmann, Markus u. Mertiens, Markus (Hg.): Customer-Lifetime-Value-Management. Kundenwert schaffen und erhöhen: Konzepte, Strategien, Praxisbeispiele. S.105-144. Wiesbaden: Gabler.

Lotter, Wolf (2003): WERT-ARBEIT. Wenn Werte ihre Bedeutung verlieren, geht auch das Vertrauen flöten. Dagegen hilft nur die Besinnung auf gute alte Werte. In: brand eins 2/2003, S.44-51.

Markhoff, Heinrich (1991): Der Einsatz von Kundenkarten durch Großbetriebe des Einzelhandels. Göttingen: Otto Schwartz & Co.

Meffert, Heribert (2003): Kundenbindung als Element moderner Wettbewerbsstrategien. In: Bruhn, Manfred u. Homburg, Christian (Hg.): Handbuch

Kundenbindungsmanagement. Strategien und Instrumente für ein erfolgreiches CRM. 4. Auflage. S.125-145. Wiesbaden: Gabler.

Merkel, Helmut u. **Franz**, Thorsten (2003): Customer Relationship Management im Warenhaus – Hype oder Königsweg? In: Bruhn, Manfred u. Homburg, Christian (Hg.): Handbuch Kundenbindungsmanagement. Strategien und Instrumente für ein erfolgreiches CRM. 4. Auflage. S.787-804. Wiesbaden: Gabler.

Meyer, Alexandra u. **Schneider**, Dirk (2002): Loyalitätsprogramme im internationalen Vergleich. In: Ahlert, Dieter u. Becker, Jörg u. Knackstedt, Ralf u. Wunderlich, Maren (Hg.): Customer Relationship Management im Handel. Strategien – Konzepte – Erfahrungen. S.309-318. Berlin u.a.: Springer.

Mohme, Joachim (1993): Der Einsatz von Kundenkarten im Einzelhandel. Konzeptionelle und praktische Probleme kartengestützter Kundeninformationssysteme und Kundenbindungsstrategien im stationären Einzelhandel. Frankfurt/Main u.a.: Peter Lang.

Müller-Hagedorn, Lothar (2001): Kundenbindung mit System. In: Müller-Hagedorn, Lothar (Hg.): Kundenbindung im Handel. 2. Auflage. S.11-45. Frankfurt am Main: Deutscher Fachverlag.

Müller, Wolfgang (1994): Kundenbindungs-Management. In: Müller, Wolfgang u. Bauer, Hans H. (Hg.): Wettbewerbsvorteile erkennen und sichern. Erfahrungsberichte aus der Marketingpraxis. S.187-208. Neuwied u.a.: Luchterhand.

Müller, Wolfgang u. **Riesenbeck**, Hans-Joachim (1991): Wie aus zufriedenen auch anhängliche Kunden werden. In: Havardmanager 3/1991. S.67-79.

Nagle, Thomas T. u. **Holden**, Reed K. u. **Larsen**, George M. (1998): Pricing – Praxis der optimalen Preisfindung. Berlin u.a.: Springer.

O`Brien, Louise u. **Jones**, Charles (1995): Loyalitätsprogramme richtig konzipieren. In: Harvard Businessmanager 4/1995. S.98-105.

Oesterer, Martin (2003): Kostenanalyse: Was König Kunde kostet. In: acquisa 6/2003. S.48.

o.V. (2003): Kundenmonitor Deutschland 2003: Kundenzufriedenheit zieht wieder an – Kundenbindung sinkt weiter. In: Bulletin des Direktvertriebs 4/2003. S.42-43.

o.V. (2001a): Preiskampf. In: Bruhn, Manfred u. Homburg, Christian (Hg.): Gabler Marketing Lexikon. S.561. Wiesbaden: Gabler.

o.V. (2001b): Pareto-Prinzip. In: Bruhn, Manfred u. Homburg, Christian (Hg.): Gabler Marketing Lexikon. S.529. Wiesbaden: Gabler.

o.V. (2001c): Akquisitorisches Potential. In: Bruhn, Manfred u. Homburg, Christian (Hg.): Gabler Marketing Lexikon. S.32. Wiesbaden: Gabler.

o.V. (2001d): Kundenbindungsnutzen. In: Bruhn, Manfred u. Homburg, Christian (Hg.): Gabler Marketing Lexikon. S.348. Wiesbaden: Gabler.

Pepels, Werner (2004): IKEA Family: Konzept und Ausgestaltung eines der erfolgreichsten deutschen Kundenclubs. In: Uebel, Matthias F. u. Helmke, Stefan u. Dangelmaier, Wilhelm (Hg.): Praxis des Customer Relationship Management. Branchenlösungen und Erfahrungsberichte. 2. Auflage. S.343-354. Wiesbaden: Gabler.

Pietersen, Frank (2001): Kundenbindung im Handel. In: Müller-Hagedorn, Lothar (Hg.): Kundenbindung im Handel. 2. Auflage. S.67-87. Frankfurt am Main: Deutscher Fachverlag.

Ploss, Dirk (2002): Kundenbindung: Kundenkarten sind im Kommen. In: acquisa 6/2002. S.28-30. (Internetauszug ohne Seitennummerierung).

Ploss, Dirk (2001): Das Loyalitäts-Netzwerk. Wertschöpfung für eine neue Wirtschaft. Bonn: Galileo Press.

Ploss, Dirk u. **Augustinov**, Andrej (2001): Kosten und Nutzen steigender Kundenbindung. Loyalität als Wachstumsbeschleuniger. Göttingen: BusinessVillage.

Pohlmann, Jörg (2003): Coupon-Marketing. Kunden finden und binden mit Rabatten. Kundenkarten. Bonuspunkte. Spargutscheine. Frankfurt am Main: Redline Wirtschaft.

Pracht, Sabine (2003): Kundenkarten: Rabatte erfreuen, Service begeistert. In: acquisa 2/2003. URL: http://www.competence-site.de/dienstleistung.nsf/0/8cafad8acda7fb07c1256cd700371cc3?Open-Document (06.07.04).

Raab, Gerhard u. **Lorbacher**, Nicole (2002): Customer Relationship Management. Aufbau dauerhafter und profitabler Kundenbeziehungen. Heidelberg: I.H.Sauer-Verlag.

Rao, Ashkay R. u. **Bergen**, Mark E. u. **Davis**, Scott (2000): How to fight a price war. In: Harvard Business Review. March-April 2000. S.107-116.

Rapp, Reinhold u. **Decker**, Alexander (2003): Loyalitätsprogramme – Bestandsaufnahme und kritische Würdigung. In: Payne, Adrian u. Rapp, Reinhold (Hg.): Handbuch Relationship Marketing. Konzeption und erfolgreiche Umsetzung. 2. Auflage. S.197-218. München: Vahlen.

Rapp, Reinhold (2003): Relationship Marketing und CRM. In: Payne, Adrian u. Rapp, Reinhold (Hg.): Handbuch Relationship Marketing. Konzeption und erfolgreiche Umsetzung. 2. Auflage. S.59-72. München: Vahlen.

Rapp, Reinhold (2000): Customer Relationship Management. Das neue Konzept zur Revolutionierung der Kundenbeziehungen. Frankfurt/Main u.a.: Campus.

Reichheld, Frederick F. (2003): Loyalität und die Renaissance des Marketing. In: Payne, Adrian u. Rapp, Reinhold (Hg.): Handbuch Relationship Marketing. Konzeption und erfolgreiche Umsetzung. 2. Auflage. S.75-92. München: Vahlen.

Reichheld, Frederick F. (1997): Der Loyalitätseffekt. Die verborgene Kraft hinter Wachstum, Gewinnen und Unternehmenswert. Frankfurt/Main u.a.: Campus.

Reichheld, Frederick F. u. **Sasser**, W. Earl (1991): Zero-Migration: Dienstleister im Sog der Qualitätsrevolution. In: Harvardmanager 4/1991. S.108-116.

Reinartz, Werner u. **Kumar**, V. (2003): Kundenpflege aber richtig. In: Harvard Businessmanager 1/2003. S.69-78.

Ritter, Nicole (2002): Kleine Karte, große Wirkung. In: handelsjournal 8/2002. S.54-55.

Rohwetter, Marcus (2004): Ausverkauf bei Karstadt. Der neue Chef muss die alten Eigentümer beruhigen. In: Die Zeit vom 19. Mai 2004. Wirtschaft. S.19.

Roland Berger Strategy Consultants (RBSC) (2003): Kundenbindungsprogramme in großen deutschen Unternehmen. Studienergebnisse. München, Mai 2003.

Sausen, Karsten u. **Ganswindt**, Christoph (2003): Differenzierung durch Qualität der Kundenbeziehung bei der Deutschen Lufthansa. In: Stadelmann, Martin u. Wolter, Sven u. Reinecke, Sven u. Tomczak, Torsten: Customer Relationship Management. 12 CRM-Best-Practice-Fallstudien zu Prozessen, Organisation, Mitarbeiterführung und Technologie. S.151- 165. Zürich: Verlag Industrielle Organisation.

Sebastian, Karl-Heinz (2003): Fluchtwege aus der Preisfalle. In: RAS 2/2003. S.34-35.

Sebastian, Karl Heinz u. **Meyer**, Birgit (2001): Rabatte, Boni und Prämien: Dem Affen Zucker geben. Wachstum und Grenzen der neuen Nachlasssysteme. In: Frankfurter Allgemeine Zeitung vom 19. Februar 2001. Wirtschaft. URL: http://www.marketingmix.de/Internetdatabase/publication.nsf/0a98 8350ba8d6626c125670100539865/d6d7d701fc21d0b4c1256a02002eca6e?Open Document (02.05.04).

Schüller, Anne M. (2004): Zukunftstrend Kundenloyalität. Endlich erfolgreich durch loyale Kunden. Göttingen: BusinessVillage.

Schuckel, Markus u. **Knob**, Alexandra (2002): Kundenkarten und Rabattsysteme- neue Perspektiven nach dem Wegfall von Rabattgesetz und Zugabeverordnung. In: Handel im Fokus – Mitteilungen des Institutes für Handelsforschung 2/2002. S.113-127.

Schuster, Thomas F. (1988): Wenn Rabatte zum Bumerang werden. In: Harvardmanager 3/1988. S.76-80.

Schweitzer, Sandra (2003): Kundenkarten und Kundenclubs. Grundlagen, Konzepte, Praxis. Düsseldorf: VDM Verlag Dr. Müller.

Simon, Hermann u. **Sebastian**, Karl-Heinz u. **Maessen**, Andrea (2003a): Zurück zur Marge. Balanceakt Pricing. In: absatzwirtschaft 8/2003. S.22-28.

Simon, Hermann u. **Tacke**, Georg u. **Buchwald**, Gregor (2003b): Kundenbindung durch Preispolitik. In: Bruhn, Manfred u. Homburg, Christian (Hg.): Handbuch Kundenbindungsmanagement. Strategien und Instrumente für ein erfolgreiches CRM. 4. Auflage. S.337-352. Wiesbaden: Gabler.

Stoff, Ariane u. **Schröder**, Michael (2002): Bonbon(u)s für die Kunden. Was bonusgestützte Kartensysteme leisten. In: Direkt Marketing 10/2002. S.36-39.

Spies, Thomas (2002): Wettbewerb: Preiskrieg mit fatalen Folgen? In: acquisa 2/2002. S.20-21.

Tomczak, Torsten u. **Reinecke**, Sven u. **Dittrich**, Sabine (2003): Kundenbindung durch Kundenkarten und -clubs. In: Bruhn, Manfred u. Homburg, Christian (Hg.): Handbuch Kundenbindungsmanagement. Strategien und Instrumente für ein erfolgreiches CRM. 4. Auflage. S.271-291. Wiesbaden: Gabler.

Tomczak, Torsten u. **Dittrich**, Sabine (2000): Kundenbindung – bestehende Kundenpotentiale langfristig nutzen. In: Hinterhuber, Hans H. u. Matzler, Kurt (Hg.): Kundenorientierte Unternehmensführung. Kundenorientierung – Kundenzufriedenheit – Kundenbindung. 2. Auflage. S.103-126. Wiesbaden: Gabler.

TNS Emnid (2003a): TNS Emnid Umfrage. Bonusprogramm in Deutschland. Erhebungszeitraum Dezember 2003. Erhalten per E-Mail von Nina Purtscher, Loyalty Partner GmbH, am 26.05.04.

TNS Emnid (2003b): TNS Emnid Umfrage. Bonusprogramme aus Sicht der Verbraucher. Oktober 2003. Erhalten per E-Mail von: Nina Purtscher, Loyalty Partner GmbH, am 26.05.04.

TNS Emnid (2003c): Deutschland im Sammelfieber. Ergebnisse einer EMNID-Befragung im Juli 2003. Zusammenfassung. Erhalten per E-Mail von Nina Purtscher, Loyalty Partner GmbH, am 26.05.04.

TNS Emnid (2002): Bonuskarten in deutschen Brieftaschen. Ergebnisse einer EMNID-Befragung, 2002. Erhalten per E-Mail von: Nina Purtscher, Loyalty Partner GmbH, am 26.05.04.

Vierbuchen, Ruth (2004): Der Preis ist nicht das Maß aller Dinge. Ein klares Geschäftsprofil zieht oft mehr als Rabatte – Im Handel sind permanent neue Ideen gefragt. In: Handelsblatt vom 31. März 2004. Einzelhandel. S.1.

vzbv Verbraucherzentrale Bundesverband e.V. (2003): Kundenkarten: flächendeckende Verstöße gegen den Datenschutz. Pressemitteilung vom 1.12.2003. URL: www.vzbv.de (15.05.04).

vzbv Verbraucherzentrale Bundesverband e.V. (2002): Kundenkarten führen zu gläsernem Verbraucher. Pressemitteilung vom 25.04.2002. URL: www.vzbv.de (15.05.04).

Walter, Simon u. **Schmidt**, Matthias (2004): Kundekarte und CRM im Handel. In: Uebel, Matthias F. u. Helmke, Stefan u. Dangelmaier, Wilhelm (Hg.): Praxis des Customer Relationship Management. Branchenlösungen und Erfahrungsberichte. 2. Auflage. S.36-53. Wiesbaden: Gabler.

Wassel, Patrick u. **Ploss**, Dirk (2002): Controlling von Kundenbindungssystemen. Der strategische Ansatz. In: Direkt Marketing 10/2002. S.26-28.

Wichert-Nick, Dorothea (2002): Kundenclubs 2003. München: Solon Management Consulting; URL: http://www.solon.de/d_3_1.php (16.03.04).

Wiencke, Wolfgang u. **Koke**, Dorothee (1994): Cards & Clubs. Der Kundenclub als Dialogmarketing-Instrument. Düsseldorf u.a.: ECON.

Wiesner, Knut (2001): Kundenkarten-Boom in 2001? In: Direkt Marketing 6/2001. S.34-35.

Wießmeier, Stefan u. **Lischka**, Andreas (2003): Kundenentwicklung durch Customer Relationship Management: Das Beispiel „HappyDigits". In: Bruhn, Manfred u. Homburg, Christian (Hg.): Handbuch Kundenbindungsmanagement. Strategien und Instrumente für ein erfolgreiches CRM. 4. Auflage. S.715-730. Wiesbaden: Gabler.

Willenbrock, Harald (2003a): DIE RABATTFALLE. Den Takt geben die Discounter vor – und kleine Fachhändler tanzen nach der falschen Melodie. In: brand eins 2/2003. S.56-61.

Willenbrock, Harald (2003b): DA IST MEHR FÜR SIE DRIN! Kundenkarten hat doch jeder. Wozu eigentlich? In: brand eins 9/2003, S.72-75.

Wittbrodt, Eckhard J. (1995): Kunden binden mit Kundenkarten. Kundenbindungssysteme entwickeln, einführen, steuern. Neuwied u. a.: Luchterhand.

Wöhe, Günter u. **Döring**, Ulrich (2000): Einführung in die allgemeine Betriebswirtschaftslehre. 20. Auflage. Vierter Abschnitt. Der Absatz. IV. Die absatzpolitischen Instrumente. 3. Preispolitik. S.543-576. München: Vahlen.

Wübker, Georg (2004): Professionelle Preisfindung. Wege aus der Ertragskrise. Göttingen: BusinessVillage.

Zeisel, Stefan (2000): Sonderangebote – die tückische Falle. In: Harvard Businessmanager 1/2000. S.87-93.

Zentes, Joachim u. **Janz**, Markus u. **Kabuth**, Peter u. **Swoboda**, Bernhard (2002): Best Practice-Prozesse im Handel: Customer Relationship Management und Supply Chain Management. Zweites Kapitel: Customer Relationship Management. S.35-106. Frankfurt/Main: Deutscher Fachverlag.

Zentes, Joachim u. **Janz**, Markus u. **Morschett**, Dirk (2000): Retail Branding – Der Handel als Marke. Frankfurt/Main: Lebensmittel Zeitung.

Zimmer, Wolfgang (o.J.): Kundenkarten – Der Schlüssel für mehr Umsatz. Anleitung zur Einführung von Kartensystemen im Handel. Köln: BBE-Verlag.

Firmeninformationen im Internet:

E. Breuninger GmbH & Co. , Stuttgart (www.breuninger.de)
    URL 1a: http://www.breuninger.de/breuningercard/vorteile.htm
    (27.06.04)
    URL 1b: http://www.breuninger.de/breuningercard/platin.htm (18.05.04)

Peek & Cloppenburg KG, Düsseldorf (www.peekundcloppenburg.de)
    URL 2:
    http://www.peekundcloppenburg.de/puc_neu/de/service/fragen/Kunde
    nkarte.html (16.05.04)

Payback (www.payback.de)
    URL 3: www.payback.de

Karstadt Warenhaus AG, Essen (www.karstadt.de)
    URL 4: http://www.karstadt.de/webapp/commerce/servlet/
    CategoryDisplay?merchant_rn=2745&cache=0_421605+635913&cgrfnbr=421
    605 (27.06.04)

Esprit Europe GmbH, Ratingen (www.esprit-club.com)
    URL 5a: http://www.esprit-club.com/de-DE/platinum.php 18.05.04
    URL 5b: http://www.esprit-club.com/de-DE/ (18.05.04)

Coop, Basel, Schweiz (www.coop.ch und www.coopsupercard.ch)
    URL 6: http://www.supercard.ch/scin/informationOverview.do 16.05.05

tegut... Gutberlet Stiftung & Co., Fulda (www.tegut.com)
    URL 7: www.tegut.com (18.05.04)

Parfümerie Douglas GmbH, Hagen (www.douglas.de)
    URL 8a: http://www.douglas.de/special/card.tem (27.06.04)
    URL 8b: http://data.douglas.de/popup/i009_cardantrag/card.pdf
    (27.06.04)

Wehmeyer, GmbH & Co KG, Aachen (www.wehmeyer.com/home_set.html
    URL 9: http://www.goldpunkte.de/frameset_startseite.html (01.07.04)

www.ingramcontent.com/pod-product-compliance
Lightning Source LLC
Chambersburg PA
CBHW021944220326
41599CB00013BA/1677